하루 한 장
삶에 새기는
철학의
지혜

흔들리는 삶을
단단한 삶으로 바꿔주는
철학을 읽다

하루 한 장 삶에 새기는 철학의 지혜

Philosophy

최영원 지음

보아스 BOAZ

프롤로그

우리는 살면서 몇 가지 질문에 부닥치게 됩니다.

"어떻게 사는 것이 잘 사는 것일까?" "내가 가는 이 길이 맞는 것일까?" "내 삶의 의미는 무엇일까?"

특히 일이 잘 풀리지 않거나 좌절에 부닥치나 혹은 바쁜 일상에 치여 삶에 회의가 들 때 이런 생각들이 더욱 밀려들게 됩니다. 우리 삶은 예측 불가능하고, 또 삶에서 좌절과 시련을 겪지 않는 사람은 없기에 누구나 한 번쯤 마치 성장통처럼 삶에 대한 고민에 빠질 것입니다.

이때 우리에게 삶의 방향을 생각해보도록 이끌어주는 것이 바로 철학입니다. 철학은 어렵고 거창한 담론이 아니라 수많은 갈림길에서 방향을 잡아주고, 어디로 가는 것이 더 나은 선택인지를 생각하도록 이끌어주는 나침반과도 같습니다.

우리는 엄청난 정보의 홍수 속에서 살고 있습니다. 매일 스마트폰 알림과 뉴스, 광고, SNS에 둘러싸여 무엇이 옳은지, 어떤 길이 나에게 맞는 길인지 갈수록 스스로 판단할 시간과 사유의 힘을 잃어가고 있습니다. 이때 더욱더 필요한 것이 다름 아닌 철학입니다.

이 책에는 45명의 인류사에서 빛나는 동서양 철학자들의 삶에 대한 고민과 사유, 지혜가 가득 담겨 있습니다.

진정한 행복이 무엇인지 고민했던 아리스토텔레스, 정의를 옳고 그름, 선과 악의 문제를 넘어 사회의 조화로 바라보았던 플라톤, 진정한 자유란 내면의 해방이라고 우리를 일깨우는 장자, 진실은 보편적이지 않고 각 개인의 인식과 경험에 따라 달라진다고 알려주는 프로타고라스, 내면의 평화를 이루는 법을 깨달았던 아우렐리우스와 톨스토이, 후회하지 않을 선택을 위해 사유의 힘을 강조한 파스칼과 데카르트, 치유와 방향을 찾기 위해 멈춤과 비움을 설파한 붓다와 노자, 인간사회에서 정의의 실현을 탐구한 루소와 롤스 그리고 몽테스키외, 삶을 고통과 결핍으로 바라보며 그것에 휘둘리지 말라고 강조했던 니체와 쇼펜하우어, 삶에서 가장 중요한 가치가 무엇인지 진지하게 고민했던 프롬, 소로, 부버, 일리치, 키르케고르 등 동양과 서양 그리고 고대에서 현대에 이르는 다양한 철학자들의 사상이 이 책 한 권에 총망라되어 있습니다.

이 책에는 45명의 철학자들이 평생에 걸쳐 탐구하고 연구하며 깨달은 우리 삶에서 풀어야 할 삶의 의미, 삶에서 중요한 가치, 나로 살아가는 법 등 다양한 문제에 대한 지혜가 담겨 있습니다. 우리는 이 책을 통해 다채로운 철학자들의 사유를 읽으며 삶에서 부닥치는 모든 문제에 대한 최적의 솔루션을 찾을 수 있습니다.

이 책은 하루에 한 꼭지, 한 철학자의 사유와 지혜를 만나고, 그 안에서 내 삶에서 실천할 수 있는 인사이트를 얻도록 구성되어 있습니다. 그리고 끝에는 그 철학자의 명언을 필사할 수 있도록 필사 코너를 마련해놓았습니다.

소크라테스는 "성찰 없는 삶은 가치가 없다"라고 말했습니다. 번잡하고 바쁜 일상 속에서 이 책을 통해 하루 한 번 나 자신을 돌아보고 성찰하는 시간을 가져보세요. 그리고 어떻게 살아야 하는가, 또 어떤 사람으로 살아갈 것인가에 대한 지혜를 만나보세요. 성찰과 사유의 힘으로 쌓아올린 내면의 단단함은 더 나은 삶을 향한 탄탄한 디딤돌이 되어줄 것입니다.

하루 한 장 삶에 새기는 철학의 지혜
| 차례 |

제2장

나를 견고하게 만드는 철학의 지혜

제3장

바쁜 일상 속에서 삶의 중심을 잡아주는 철학의 지혜

제4장

지속적인 성장을 이끄는 철학의 지혜

제5장

진정한 나다움을 만들어가는 철학의 지혜

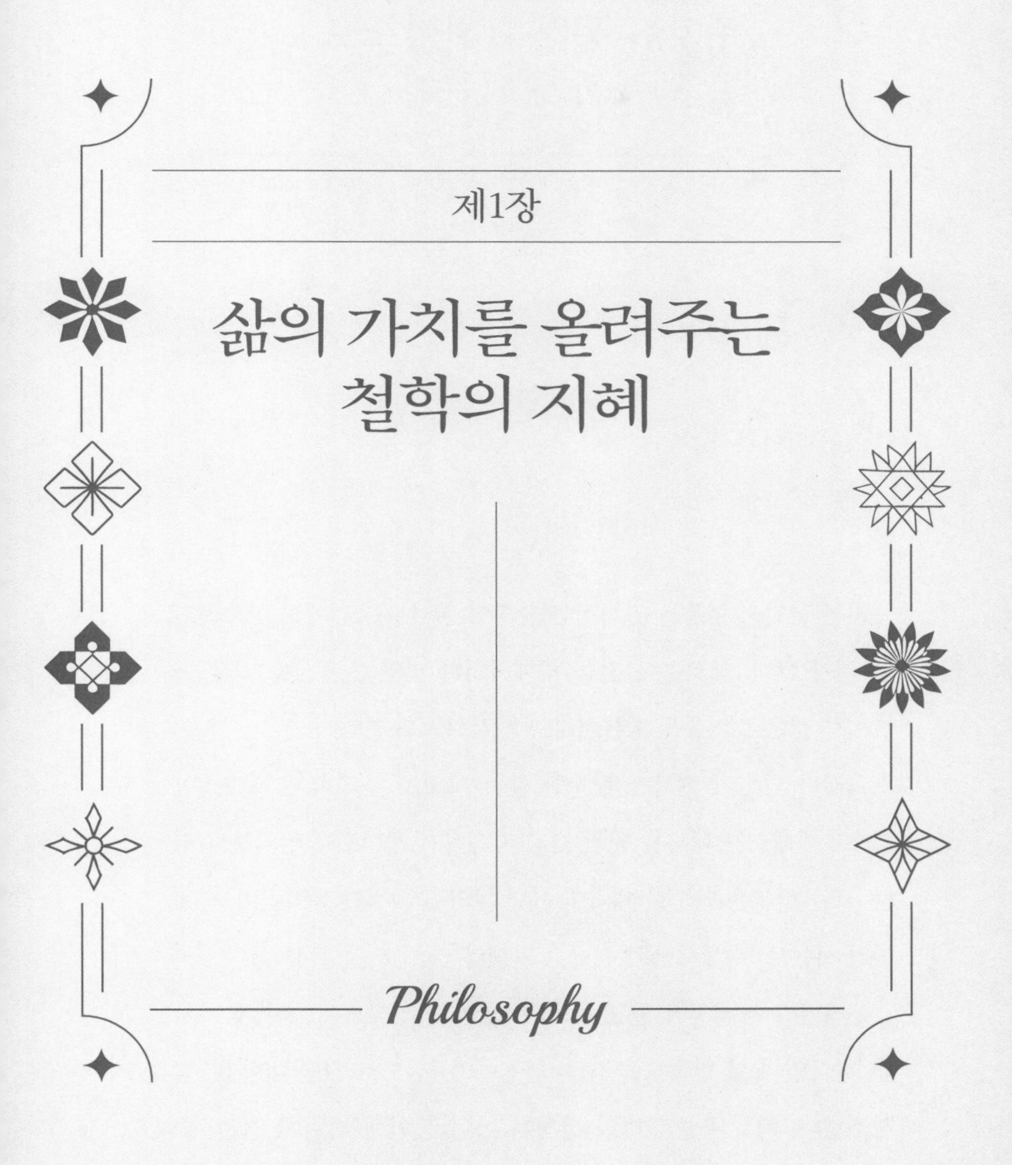

제1장

삶의 가치를 올려주는 철학의 지혜

Philosophy

무엇이 우리를 진정으로 행복하게 하는가?

"행복은 덕에 따라 사는 삶이다."

– 아리스토텔레스, 《니코마코스 윤리학》

우리는 살면서 행복을 일시적인 감정이나 외부 조건에서 찾으려고 할 때가 많다. 새로운 물건을 구매하거나 맛있는 음식을 먹을 때 느끼는 짧은 즐거움을 행복이라고 생각하기도 한다.

그러나 인간의 행복을 탐구한 《니코마코스 윤리학》을 보면, 아리스토텔레스는 행복을 훨씬 깊고 지속적인 개념으로 정의하고 있다. 그는 행복은 단순한 쾌락이 아닌 삶의 궁극적인 목적이며, 덕에 따라 사는 삶 속에서 실현된다고 말했다.

우리나라 통계청이 발표한 '국민 삶의 질 2024 보고서'에 따르면, 한국인의 삶 만족도는 10점 만점에 6.4점으로 전년 대비 0.1점 감소했다. 행복은 순간적인 감정이 아니라 인생 전반에 걸친 '좋은 삶'의 상태를 말한다. 아리스토텔레스는 이것을 유다이모니아(eudaimonia)라고 불렀다. 이는 일시적인 기쁨이 아니라 자신의 잠재력을 실현하고, 이성과 덕을 통해 조화로운 삶을 사는 것을 말한다. 즉, 행복은 외부 환경에 의존하지 않고 내면의 성장과 성취에서 비롯된다는 것이다.

그런데 우리 대부분은 목표를 달성하거나 물질적 성취를 이뤄야 삶이 행복할 것이라고 생각한다. 특히 사회적인 지위와 물질적인 부를 성공의 척도로 삼는 우리나라의 사회적인 정서에서는 성취감을 느끼고 물질적인 만족을 얻는 것이 행복이라고 생각하기 쉽다. 그런데 자료에 따르면, 한국인 삶의 만족도는 OECD 38개국 중에서 33위를 차지했다. 외부의 조건이나 물질적인 만족감은 궁극적인 행복을 가져다주기 어렵기 때문이다. 또한 목표를 이루는 순간 잠깐의 만족감은 사라지고, 또 다른 목표를 찾아 나서게 된다.

서울대학교 인문학연구원에서 서양 고전문학과 철학을 가르치는 김헌 교수는 유튜브 채널 〈사피엔스 스튜디오〉에 출연해 아리스토텔레스의 행복 개념을 강연한 적이 있다. 그는 행복은 단순한 감정이 아니라 삶의 목적이며, 덕을 실천함으로써 달성된다고 강조했다. 아리스토텔레스는 행복을 덕과 깊이 연결했는데, 여기서 말하는 '덕'이란 무엇일까?

여기에서의 덕(arete)은 단순한 도덕적 선행을 말하는 것이 아니라 인간으로서의 탁월함을 의미한다. 이는 각자의 능력을 최대한 발휘하고, 자신의 본성을 가장 잘 실현하는 것을 뜻한다.

예를 들면 칼은 대상을 잘 자를 때 그 본질을 가장 잘 수행한다고 볼 수 있다. 마찬가지로 인간도 자신의 이성을 잘 활용하고, 올바른 선택을 하며, 균형 잡힌 삶을 살아갈 때 탁월함을 실현한다고 할 수 있다.

아리스토텔레스는 이를 위해 중용(中庸)이라는 개념을 제시했다. 중용은 극단을 피하고, 상황에 맞는 적절한 행동과 태도를 유지하는 것을 말한다.

용기를 예로 든다면, 용기는 무모함과 비겁함 사이의 중용이다. 너무 무모하면 위험에 빠질 수 있고, 지나치게 소극적이면 중요한 기회를 놓칠 수 있다. 진정한 용기는 상황을 정확히 판단하고, 필요한 순간에 올바른 결정을 내리는 태도다. 아리스토텔레스는 균형 잡힌 삶이 쌓여서 결국 행복으로 이어진다고 강조했다.

이러한 아리스토텔레스의 행복론은 실제로 우리가 삶에서 실천할 때 우리 삶을 크게 변화시킬 수 있다. 그렇다면 우리는 어떻게 덕을 기르고, 그것을 통해 행복한 삶을 살아갈 수 있을까?

첫째, 좋은 습관을 생활화하자.

아리스토텔레스는 덕이 본능이 아닌 습관을 통해 형성된다고 보았다. 용기, 절제, 관대함 같은 덕목은 한 번의 결심으로 이루어지지 않는다. 매일의 작은 선택과 반복된 행동이 쌓여서 성품이 형성된다. 중요한 일 미루지 않기, 감사한 일 기록하기, 타인에게 친절한 말 건네기 등 작은 실천들을 반복하고 또 반복하다 보면 품성이 되고, 그것이 결국 더 나은 나를 만들게 된다.

둘째, 자신의 삶을 성찰하자.

행복은 외부의 조건이 아니라 내면의 성찰에서 시작된다. 하루를 돌아보며 '나는 나답게 살았는가?', '나의 행동은 나의 가치관과 일치했는가?'를 질문하는 습관을 만들어보자. 우리는 성찰을 통해 자신의 강점과 약점을 인식하고, 강점을 발전시키고 약점을 개선함으로써 더 나은 방향으로 성장해갈 수 있다.

셋째, 의미 있는 관계를 맺자.

아리스토텔레스는 "인간은 사회적 동물이다"라고 말했다. 우리는 타인과의 관계 속에서 성장하고 행복을 느낀다. 진정한 우정과 사랑은 나의 덕을 키워주고, 더 나은 사람이 되도록 이끌어준다. 경쟁과 비교는 큰 스트레스를 주고 좌절감을 안겨주지만, 서로를 존중하고 지지하는 관계는 행복감을 가져다준다. 그래서 좋은 관계는 행복의 중요한 요소 중 하나다.

아리스토텔레스가 말한 행복은 성취의 끝이 아니라 삶의 모든 순간을 의미 있게 살아가는 과정이다. 나의 가능성을 발견하고, 매일의 선택 속에서 덕을 실천하는 것. 그것이 바로 진정한 행복으로 가는 길이다.

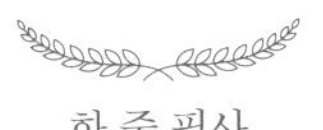

한 줄 필사

○ 아리스토텔레스

행복은 우리 자신에게 달려 있다.

정의는 옳고 그름을 넘어 조화로움을 실현하는 것이다

"정의란 각자가 자신의 역할을 다하는 것이다."

– 플라톤, 《국가》

우리가 살아가면서 지녀야 할 중요한 덕목 중의 하나는 정의다. 우리는 정의를 흔히 옳고 그름, 선과 악의 문제로 단순화해서 생각하는 경향이 있다. 그러나 플라톤은 《국가》에서 정의를 다음과 같이 설명했다.

"정의란 각자가 자신의 역할을 충실히 수행하고, 조화를 이루는 상태다." 이는 정의가 단순히 개인의 윤리적 선행을 의미하는 것이 아니라 사회 전체의 조화로운 구조와 연결됨을 알 수 있다.

플라톤은 인간의 영혼과 국가를 다음과 같이 비유했다. "국가가 정의로울 때는 각 계급이 자신의 역할을 잘 수행할 때이며, 마찬가지로 개인의 영혼도 이성, 기개, 욕망이 각자의 자리를 지킬 때 정의로워진다." 그는 정의를 외부 규칙의 문제가 아닌 내면의 질서와 조화의 관점에서 바라보았다.

우리는 종종 정의를 법적 규칙이나 도덕적 기준으로 국한시키지만, 정의는 우리 각자의 삶에도 중요한 질문을 던진다. 나는 내 역할을 제대로 수행하고 있는가? 나의 선택은 나 자신과 타인의 이익에 조화를 이루고 있는가? 플라톤은 이러한 질문을 통해 정의를 개인의 내면과 사회적 관계 모두에 적용하고자 했다.

이처럼 플라톤이 말하는 정의는 타인을 판단하는 잣대가 아니라 결국 나 자신을 돌아보는 거울이라 할 수 있다. 2018년 통계청의 '사회적 공정성과 신뢰의 관계' 보고서에서는 우리나라 국민이 전반적으로 한국 사회가 공정하지 않다고 인식하고 있다고 밝혔다. 많은 사람이 "저 사람은 공정하지 않아." "이 상황은 불공평해"라고 정의를 외부로 투사한다. 그렇다면 우리 각자는 자신에게 "나는 공정한가?" "나는 내 역할에 충실한가?"라는 질문을 던져볼 필요가 있다. 각자 정의로움에 충실할 때 사회의 정의가 제대로 실현될 수 있기 때문이다.

플라톤은 《국가》에서 정의를 다음과 같이 '영혼의 조화'로 설명했다. 이성은 방향을 제시하고, 기개는 용기를 주며, 욕망은 삶의 동력을 제공한다. 이 세 가지 요소가 조화를 이룰 때 개인은 정의로워진다. 이는 곧 자기 인식과 자기 통제의 문제에 해당한다. 나는 내 욕망에 끌려가고 있는가, 아니면 이성적으로 선택하고 있는가를 인식하고 올바른 선택을 해야 한다. 그리고 용기는 단순히 두려움이 없는 태도가 아니라 자신이 옳다고 믿는 것을 선택하고 지키는 힘이다.

현대 사회는 경쟁과 비교 속에서 나를 타인과 끊임없이 비교하고 견준다. 특히 개인의 삶에 깊숙이 스며들어 있는 SNS는 그러한 경향을 부추긴다. 그러나 정의로운 삶은 외부의 평가보다 내면의 질서에서 시작된다. 타인의 시선에 휘둘리지 않고, 내면의 양심에 귀를 기울이고 충실할 때 우리는 진정으로 정의로운 삶에 가까워질 수 있다.

훌륭한 행실을 기록한 책이라는 의미의 《경행록(景行錄)》에서는 다음과 같이 말한다. "밀실에 앉아 있어도 마치 네거리에 앉아 있는 것처럼 여기고, 작은 마음을 제어하기를 마치 여섯 필의 말을 부리는 것처럼 하면 허물을 면할 수 있다."

남은 속일 수 있어도 자신의 양심은 속일 수 없다. 그래서 자신의 내면의 질서를 잘 다스리면 실수와 잘못을 줄일 수 있다. 이는 끊임없이 나를 돌아보고 조화를 이루려는 태도에서 비롯된다.

플라톤은 정의가 개인과 사회 모두에 적용되어야 한다고 보았다. 그렇다면 우리는 일상 속에서 어떻게 정의로운 삶을 실천할 수 있을까?

첫째, 자신의 역할을 정확히 인식하자.

우리는 가족, 직장, 사회에서 다양한 역할을 수행한다. 각 역할에서 내가 해야 할 일은 무엇인지를 인식하고 책임을 지자. 그리고 책임을 다하는 것을 넘어 그 역할이 나와 타인에게 어떤 의미를 가지는지도 생각해보자.

둘째, 내면의 조화를 유지하자.

이성, 감정, 욕망이 충돌할 때가 있다. 중요한 것은 어느 하나를 억누르는 것이 아니라 이들 간의 균형을 찾는 것이다. 예를 들면, 욕망이 강할 때는 이성으로 그 방향성을 점검하고 제어하며, 용기를 내야 할 때는 기개를 통해 옳은 선택을 지지하는 것이다.

셋째, 타인과의 관계에서 공정을 실천하자.

정의는 개인의 내면에 머무는 것이 아니라 타인과의 관계에서 공정을 실천하는 것이 중요하다. 이는 형식적 평등이 아니라 상황에 맞는 배려와 존중을 포함한다. 상대방의 입장에서 생각하고, 자신의 권리만큼 타인의 권리도 존중하는 태도가 필요하다.

정의로운 삶은 이상적인 상태가 아니라 우리가 살면서 끊임없이 추구해야 하는 과정이다. 때로는 정의를 선택하는 것에 실패하고, 진정한 정의로움이 무엇인지 스스로 모순에 빠질 수도 있다. 그러나 중요한 것은 그 과정에서 포기하지 않고, 계속해서 나 자신과 사회의 조화를 이루려는 노력을 포기하지 않는 것이다. 플라톤이 말한 정의는 완성된 목표가 아니라 매일의 선택과 성찰 속에서 살아 숨 쉬는 가치다.

우리 삶과 사회는 공정하고 정의롭기보다 불공정하고 불의가 넘쳐나지만, 각 개인들이 끊임없이 정의롭고 공정한 사회를 갈구하고 정의로움을 실천할 때 정의로운 사회에 보다 가까워질 수 있다.

한 줄 필사

○ 플라톤

최선의 상태란 내면의 질서를 유지하는 것이다.

작은 것을 탄탄히 쌓아올릴 때
자신에 대한 믿음이 단단히 쌓인다

"뜻을 세운 사람은 그 뜻을 지키기 위해 어떤 외부의 변화에도 흔들리지 않는다."

– 맹자, 《맹자》

우리는 살아가면서 수많은 선택을 하고 결정을 내린다. 그 선택의 중심에는 흔들리지 않는 '믿음'이 자리 잡고 있어야 한다고 생각하지만, 현실은 결코 그렇지 못하다. 작은 실패나 타인의 평가, 예상치 못한 변수 앞에서 우리는 쉽게 흔들리고 불안해진다. 그렇다면 어떤 상황에서도 나 자신을 잡아줄 흔들리지 않는 믿음은 어떻게 만들어질 수 있을까?

맹자는 "뜻을 세운 사람은 그 뜻을 지키기 위해 어떤 외부의 변화에도 흔들리지 않는다"고 말했다. 이 말은 뜻을 지키기 위해서는 의지의 강함을 넘어서 내면에 확고한 가치관과 목표의식이 있어야

함을 의미한다. 흔들리지 않는 믿음은 결국 스스로 설정한 삶의 방향성과 깊은 연관이 있다.

믿음은 단번에 완성되는 것이 아니다. 작지만 일관된 행동, 스스로에 대한 약속을 지키는 경험을 통해 조금씩 단단해진다. 이 과정은 느리지만, 흔들리지 않는 믿음은 바로 이러한 꾸준한 축적에서 비롯된다.

믿음을 지키기 어려운 순간은 보통 외부의 변화, 실패, 타인의 평가 등 때문이다. 새로운 도전을 시작할 때 두려움이 밀려오고, 실패의 경험은 스스로에 대한 의심으로 이어진다. 타인의 시선은 자신이 세운 목표를 흔드는 강력한 장애물이 되기도 한다.

맹자는 진정한 믿음은 외부의 요인에 의해 결정되지 않는다고 강조했다. 믿음은 타인의 인정이 아니라 자신의 확신에서 나온다. 타인이 인정해주지 않아도, 결과가 기대만큼 좋지 않아도 스스로가 옳다고 믿는 길을 걸어가는 것이 진정한 믿음이다.

일론 머스크는 스페이스X와 테슬라 초기 시절 세 번의 연이은 로켓 발사 실패를 겪고 파산 위기에 처했다. 만약 그가 자신에 대한 믿음이 없었다면, 외부의 조롱과 비난에 좌절하고 포기하고 말았을 것이다. 하지만 그는 실패를 혁신의 일부로 보았고, 남은 자금을 끌어모아 4번째 로켓 발사에 마침내 성공함으로써 투자 유치가 이루어져 스페이스X는 세계적인 기업이 될 수 있었다.

또《해리포터》의 저자 J.K. 롤링은 경제적 어려움에 시달리는 가운데 '해리 포터와 마법사의 돌' 원고를 완성하고 12군데 출판사의 문을 두드렸지만 모두 거절당했다. 그러나 그녀는 포기하지 않았고, 결국 중소출판사였던 블룸스버리와 계약을 체결하고 세계적인 베스트셀러 작가가 되었다. 해리포터 시리즈는 책 판매가 전세계에서 77억 달러(약 11조 2651억 원), 8편의 영화 시리즈가 80억 달러(약 11조 7040억 원)를 벌어들여 천문학적인 수익을 거두었다.

대부분의 사람이 큰 성공을 거두지 못하는 이유 중 하나는 자신에 대한 믿음이 부족한 이유로 마지막 한 발을 내딛지 못하기 때문이다. 토머스 에디슨은 "많은 인생의 실패자들은 포기할 때 자신이 성공에서 얼마나 가까이 있었는지 모른다"라고 말했다.

세계 최초로 히말라야 14좌를 완등하고, 1980년 에베레스트산을 혼자 무산소로 오른 신화를 기록한 라인홀트 메스너는《죽음의 지대》에서 이렇게 말했다. "마지막 한 발은 첫걸음에 달려 있고, 첫걸음은 마지막 한 발에 달려 있다."

무엇인가를 이루기 위해서는 첫걸음을 내딛고, 그리고 첫걸음을 떼었던 그 마음가짐을 마지막 목표지점에 이르기까지 유지해야 한다. 그러기 위해서 가장 중요한 것은 바로 한 발 한 발 내딛는 '과정'이다. 우리는 성공한 결과만을 믿음의 증거로 생각할 때가 많지만, 믿음은 성공 여부와 관계없이 스스로 설정한 방향성을 따르는 과정에서 더 강해진다. 실패는 믿음을 시험하는 도구일 뿐 믿음에 대한 부정적 결과가 아니다.

맹자의 가르침은 믿음은 정신적 강인함을 넘어 반복적인 실천과 성찰을 통해 기르는 내면의 근육임을 보여준다. 그렇다면 우리는 어떻게 이 믿음을 단련할 수 있을까?

첫째, 스스로에게 중요한 질문을 던지자.

'나는 왜 이 길을 선택했는가?'라는 질문은 자신의 내면을 들여다보는 시작점이다. 삶에서 흔들릴 때마다 이 질문을 스스로에게 던지면 자신 내면의 목소리에 귀 기울이게 되고, 그 길을 선택한 근본을 다시 생각해보게 된다.

둘째, 작은 약속을 철저히 지키자.

믿음은 거창한 목표에서 시작되지 않는다. 매일의 작은 약속을 지키면서 스스로에 대한 신뢰를 쌓아가는 과정이 중요하다. 하루 10분 독서하기, 꾸준한 운동, 사소한 목표 달성 등 작은 것을 꾸준히 실천하는 과정을 통해 자기효능감을 갖게 된다. 이러한 과정은 자신에 대한 믿음을 강화하고 회복탄력성을 길러주어 실패나 좌절이 왔을 때 극복할 수 있는 밑거름이 된다.

셋째, 타인의 시선보다 자신의 기준을 따르자.

사회적 기대와 타인의 평가에 지나치게 의존하면 쉽게 흔들릴 수밖에 없다. 살아가면서 중요한 것은 나에게 진정으로 의미 있는 것이 무엇인지를 아는 것이다. 자신의 가치와 원칙을 중심으로 선택하고 행동할 때, 외부의 변화에도 쉽게 흔들리지 않는 믿음을 가질 수 있다.

흔들리지 않는 믿음은 완벽함에서 오는 것이 아니다. 불안과 두려움 속에서도 끝까지 포기하지 않고 나아가는 과정 속에서 차곡차곡 쌓이게 된다. 맹자가 강조한 것은 실패하지 않는 삶이 아니라 넘어져도 다시 일어설 수 있는 내면의 힘이다.

한 줄 필사

○ 맹자

진정한 용기는 외부에서 오는 것이 아니라
내면에서 비롯된다.

진정한 자유란 내 자신이 삶의 주인이 되는 것이다

"진정한 자유란 외부의 속박에서 벗어나 자신의 본성에 따라 사는 것이다."

– 장자,《장자》

자유는 누구나 삶에서 갈망하는 가치다. 우리는 일반적으로 자유를 '하고 싶은 것을 할 수 있는 상태'라고 생각한다. 시간적 자유, 경제적 자유, 관계에서의 자유 등 다양한 형태로 자유를 추구하지만, 그 속에서 진정한 만족을 느끼는 사람은 많지 않다. 왜일까?

《장자》를 보면 장자는 자유를 내면의 해방으로 바라보았다. 그는 자유를 속박이 없는 상태가 아니라 외부의 제약에도 불구하고 흔들리지 않는 내면의 평온함으로 정의했다. 다시 말해, 자유란 얽매이지 않는 것이 아니라 얽매이는 상황에서도 마음의 주인이 되는 것이다.

《장자》〈덕충부〉 편을 보면, 장자는 한쪽 다리를 잃은 사람을 예로 들어서 이 개념을 설명했다. 그는 외형적으로는 장애가 있는 인물이지만, 마음을 다스리고 이치를 깨우쳐 세상에 얽매이지 않았다. 장자는 "그는 비록 다리를 잃었지만, 하늘이 준 본성을 보존하고 있으니 천하에 갇힌 것이 아니다"라고 말하며, 다리가 멀쩡해도 욕망과 세속에 사로잡혀 사는 사람들을 더 불쌍하게 여겼다. 장자는 진정한 자유란 외부의 조건이나 신체적 한계를 넘어서 자신의 본성에 따라 흔들림 없이 살아가는 것이라고 생각했기 때문이다.

우리는 자유를 찾기 위해 더 많은 선택지를 원하지만, 오히려 그 선택의 무게가 우리를 짓누르게 된다. 장자는 이러한 딜레마 속에서 '무위(無爲)'의 지혜를 제안했다. 무위란 아무것도 하지 않는다는 의미가 아니라 억지로 조작하거나 통제하려는 마음을 내려놓는 것이다. 결국 자유는 억지로 얻으려는 순간 멀어지고, 내려놓을 때 비로소 다가온다.

장자는 인생을 '한 마리 나비의 꿈'에 비유했다. 꿈속에서 나비가 되어 자유롭게 날아다니는 동안 그 나비는 자신이 인간이라는 사실을 전혀 의식하지 못한다. 그렇다면 지금의 나는 과연 꿈을 꾸고 있는 것일까? 아니면 깨어 있는 것일까? 장자의 이 물음은 자유에 대한 본질적인 질문을 던진다.

보건복지부의 '2022년 청년 삶 실태조사'에 따르면, 청년 중 32.1%가 우울 위험군에 속하는 것으로 나타났다. 우리가 느끼는 많은 불안과 억압은 실제로 존재하는 것이 아니라 우리의 생각이 만들어낸 감옥일 수 있다. 타인의 기대, 사회적 기준, 성공에 대한 강박은 스스로 만들어낸 틀이다. 이 틀 안에서는 아무리 자유롭게 움직여도 결코 진정한 해방감을 느낄 수 없다.

장자가 말하는 자유란 바로 이러한 틀을 깨는 것이다. 세상이 만들어놓은 '틀'을 따르기보다 자신만의 고유한 길을 찾는 것이다. 이는 사실 큰 용기가 필요하다. 남들이 가는 길을 벗어나 자신의 목소리를 듣는 것은 외롭고 불안할 수 있다. 그러나 진정한 자유는 타인의 시선이 아닌 자신의 내면이 원하는 삶을 따라갈 때 비로소 이루어진다.

애플의 창업자 스티브 잡스는 스탠퍼드 대학교 졸업식 축사에서 다음과 같은 명언을 남겼다. "Stay hungry, stay foolish(항상 갈망하고, 항상 바보처럼 도전하라)."

스티브 잡스 또한 언제나 기존의 틀을 깨고 자신만의 길을 개척하며 혁신적인 제품과 창의적인 경영철학을 선보였다. 기존의 방식을 따르지 않고, 끊임없이 도전하고 혁신을 이룬 그의 삶은 장자가 말하는 자유의 실천이라고 할 수 있다.

이러한 장자의 가르침은 우리의 삶을 바꿀 수 있는 지혜다. 그렇다면 우리는 어떻게 우리를 구속하는 속박을 벗어나 진정한 자유를 찾을 수 있을까?

첫째, 비교의 틀에서 벗어나자.

우리는 살면서 타인과 자신을 비교하면서 스스로를 평가한다. 그러나 비교는 끝없는 경쟁과 불안의 원천이 된다. 《장자》 〈소요유〉 편을 보면, 장자는 거대한 물고기 '곤(鯤)'과 하늘을 나는 커다란 새 '붕(鵬)'의 비유를 통해 다음과 같은 메시지를 전한다.

북쪽 바다에 사는 곤은 그 크기가 몇 천리가 되는지 알 수 없다. 이 물고기가 변해서 새가 되면 붕이라 하는데, 붕의 등 넓이가 몇 천리가 되는지 알 수 없다. 붕이 하늘 높이 날아오르면 그 날개는 하늘 가득 드리운 구름과도 같다. 이 새는 바다에 폭풍이 일면 하늘에 떠 있는 연못인 남녘 아득한 바다로 옮겨가는데 여섯 달을 가야 그곳에 도착할 수 있다. 숲속의 메추라기는 붕을 비웃는다. "나는 숲속에서 날개를 퍼덕이며 잘 사는데 저렇게 힘들여 높이 오를 필요가 있을까?"

작은 메추라기가 붕의 비행을 이해하지 못하듯, 크고 자유로운 존재는 작은 틀 속에 갇힐 수 없다. 이 이야기에서 장자는 자신의 본성과 가능성에 맞는 삶의 무대가 필요하다고 강조했다. 나만의 삶의 무대를 발견하고, 타인의 잣대가 아닌 자신만의 기준으로 삶을 바라보는 용기를 낼 때 우리는 진정으로 자유로워질 수 있다.

둘째, 무위(無爲)의 지혜를 실천하자.

앞에서 말했듯이 무위란 아무것도 하지 않는 것이 아니라 억지로 무언가를 통제하려는 마음을 내려놓는 것이다. 상황을 있는 그대로 받아들이고 변화에 유연하게 대응하는 태도 속에서 진정한 자유를 얻을 수 있다. 서핑보드를 탈 때 파도를 거스르면 뒤집히고 파도를 탈 수 없듯이 우리 삶도 마찬가지다. 흐름을 거스르지 않고 흐름과 조화롭게 살아가는 것이 삶의 지혜이자 무위의 핵심이다.

셋째, 내면의 목소리에 자주 귀 기울이자.

내 삶은 나의 것이지 남의 것이 아니다. 그래서 타인의 기대나 사회의 기준보다 더 중요한 것은 바로 나 자신의 진짜 목소리다. 조용한 시간을 가지며 스스로에게 물어보자. "내가 진정으로 원하는 것은 무엇인가?", "이 선택이 진정 나를 위한 것인가?" 이러한 질문은 나를 옭아매는 속박을 푸는 열쇠가 된다.

장자가 말한 자유는 결코 멀리 있는 것이 아니다. 그것은 이미 우리 안에 존재하고 있다. 다만 우리는 스스로 만든 틀 속에 갇혀 있을 뿐이다. 공자는 "인이 멀리 있는가? 내가 인하고자 하면 인이 당장 이르는 것이다"라고 우리 의지의 중요성을 강조했다. 비교와 집착의 사슬을 풀고 나 자신으로 살아가고자 노력한다면 진정한 자유는 이미 곁에 다가와 있을 것이다.

한 줄 필사

○ 장자

대붕(큰 새)은 바람을 타고 자유롭게 날아간다.

그러나 작은 참새는 그것을 이해하지 못한다.

진실은 변할 수 있는가?

"인간은 만물의 척도다."

– 프로타고라스, 〈단편들〉

우리는 흔히 진실은 하나라고 생각한다. 사실과 거짓이 명확히 구분될 수 있고, 누구에게나 적용되는 절대적인 진리가 존재한다고 믿는다. 그러나 고대 그리스 철학자 프로타고라스는 이러한 통념에 의문을 제기했다. 그는 "인간은 만물의 척도다"라고 주장하며, 진실은 보편적이지 않고 각 개인의 인식과 경험에 따라 달라진다고 말했다.

이 말은 진실이 객관적으로 존재하지 않는다는 의미가 아니다. 우리는 경험하고 이해하는 방식이 제각기 다르기 때문에 똑같은 사실도 서로 다른 진실로 받아들일 수 있다는 말이다. 예를 들면, 비 오는 날을 어떤 사람들은 우울하다고 느끼지만, 또 어떤 사람들은 낭만적이라고 생각한다. 비가 내린다는 객관적인 사실은 변하지 않지만, 그것을 해석하는 방식은 개인의 감정과 경험에 따라 달라진다.

프로타고라스의 이러한 관점은 우리에게 중요한 질문을 던진다. 우리가 옳다고 믿는 것, 사실이라고 여기는 것이 과연 보편적인 진실인가, 아니면 각자의 시선에서 만들어진 상대적인 해석일 뿐인가?

프로타고라스의 상대주의는 진실이 사람마다 다를 수 있음을 인정하는 관점이다. 이것은 서로의 의견이 다름을 넘어 현실을 바라보는 틀 자체가 다를 수 있음을 시사한다. 미국의 사회 심리학자 레온 페스팅거는 1957년 '인지 부조화 이론'을 제시했다. 인지 부조화 이론이란 사람은 자신의 신념, 태도, 행동이 서로 불일치할 때 심리적 불편함을 느끼며, 이를 해소하기 위해 행동을 변화하거나 심지어 신념을 조정하기도 한다는 것이다. 우리는 자신의 경험과 지식을 기준으로 세상을 판단한다. 그래서 같은 사건에 대해서도 서로 다른 시각을 갖게 되고, 또 그에 대한 해석이 달라진다. 이러한 과정에서 사실과 거짓의 경계가 모호해질 수 있다.

예를 들면, 역사적 사건도 진실이 고정된 것이 아니다. 한 나라에서는 영웅으로 기억되는 인물이 다른 나라에서는 침략자로 간주된다. 대표적인 예로 나폴레옹을 들 수 있다. 프랑스에서 그는 혼란스러운 혁명 이후 나라를 안정시킨 국민적 영웅이자 근대 유럽의 법과 제도를 정비한 지도자로 평가받는다. 하지만 유럽 다른 국가들, 특히 그로 인해 전쟁의 피해를 입은 국가들에서는 그를 제국주의적 침략자이자 전쟁광으로 기억하기도 한다. 이처럼 진실은 절대적인 것이 아니라 상황과 맥락, 관점에 따라 변화할 수 있다.

그러나 이것이 진실의 가치를 부정하는 것은 아니다. 프로타고라스의 관점은 우리에게 다양한 시각을 존중하고 열린 태도로 세상을 바라보는 법을 가르쳐준다. 내가 믿는 진실이 절대적이라고 생각할 때 우리는 타인의 생각을 배척하거나 이해하지 못하게 된다. 그러나 진실의 상대성을 인정하게 되면 다른 의견을 틀렸다고 단정짓기보다 이해하고자 하는 태도를 갖게 된다.

그렇다면 우리는 각자 서로 다르게 진실을 받아들이는 인간사회에서 어떻게 조화와 화합을 이끌어낼 수 있을까?

첫째, 다양한 관점을 받아들이자.

진실은 하나의 시선으로 정의할 수 없다. 나와 다른 관점이 틀린 것이 아니라 또 다른 진실일 수 있음을 인정하는 태도가 필요하다. 이는 나의 세계를 넓혀가는 과정이다.

둘째, 경청하는 자세를 갖자.

우리는 보통 자신의 의견을 말하는 데 집중하지만, 진정한 이해는 듣는 것에서 시작된다. 상대방의 이야기를 열린 마음으로 듣는 것은 상대의 진실을 존중하는 첫걸음이다.

셋째, 비판보다 질문을 하자.

다른 의견을 마주했을 때, “왜 그렇게 생각하세요?”라는 질문은 비판보다 더 깊은 대화를 이끌어낸다. 질문은 서로의 생각을 확장하고, 새로운 진실에 다가가는 방법이다.

프로타고라스의 상대주의는 우리가 진실에 대해 가지는 고정관념을 뒤흔든다. 진실은 절대적인 것이 아니라 각자의 경험과 인식 속에서 형성되는 살아 움직이는 개념이다. 우리가 서로 다르게 생각하는 진실 속에서도 공존할 수 있는 이유는 다양성을 인정하고 존중하는 관용과 포용심을 갖고 있기 때문이다.

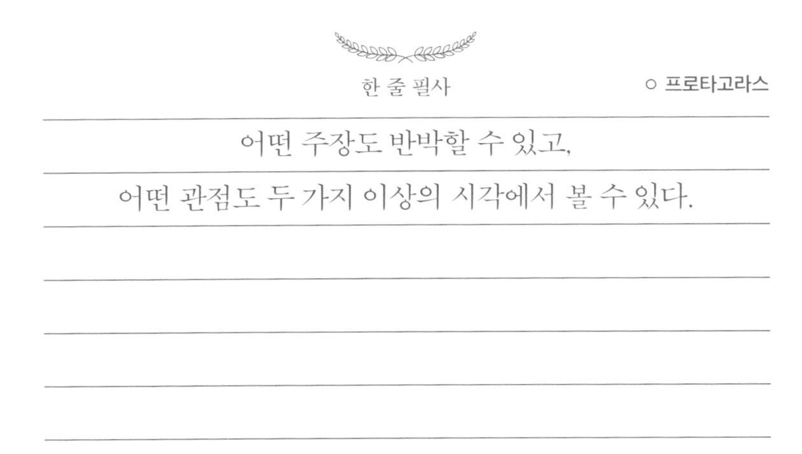

복잡다단한 삶 속에서 평온을 잃지 않는 법

"내면의 평화는 외부의 상황이 아니라 마음의 태도에서 비롯된다."

– 마르쿠스 아우렐리우스, 《명상록》

현대 사회는 빠른 속도와 변화가 사회 전반을 지배하고 있다. 그래서 우리는 쉴 틈 없이 달리며 성공과 성취를 향한 끝없는 경쟁에 내몰린다. 이러한 환경 속에서 자신을 들여다보고, 내면의 평화를 찾는 것은 결코 쉽지 않은 일이다. 그러다보니 많은 사람이 더 좋은 직장, 안정된 수입, 편안한 환경과 같은 외부의 조건에서 내면의 만족을 찾는다.

로마의 황제이자 철학자였던 마르쿠스 아우렐리우스는 《명상록》에서 "내면의 평화는 외부의 상황이 아니라 마음의 태도에서 비롯된다"고 말했다. 진정한 평화는 외부의 환경이 아닌 내면의 인식과 태도에서 시작된다는 의미다.

아우렐리우스는 로마의 지도자로서 끊임없는 전쟁과 정치적 갈등, 권력 다툼의 한가운데에 있었다. 하지만 그는 그러한 혼란 속에서도 내면의 평화를 유지할 수 있었다. 그것은 외부의 혼란을 통제했기 때문이 아니라 자신의 내면을 다스리는 법을 알고 있었기 때문이다.

아우렐리우스의 철학은 스토아학파의 핵심 개념인 '통제할 수 있는 것과 통제할 수 없는 것의 구분'에 뿌리를 두고 있다. 그는 "우리가 평화를 잃는 이유는 대부분 우리가 통제할 수 없는 것에 집착하기 때문"이라고 강조했다.

스토아학파의 대표 철학자인 에픽테토스도 "통제할 수 있는 것과 없는 것을 구분하는 것이 지혜의 시작이다"라고 말했다. 에픽테토스는 인간의 삶을 두 개의 영역으로 나누었다. 하나는 우리가 통제할 수 있는 것으로 우리의 생각, 감정, 선택, 행동 등이 이에 해당한다. 다른 하나는 통제할 수 없는 것으로 타인의 행동, 과거의 사건, 운명, 자연의 흐름 등이다.

문제는 우리가 이 두 영역을 혼동할 때 발생한다. 타인의 시선을 바꾸려 하거나, 이미 지나간 과거를 붙잡고 괴로워하는 것은 불가능한 것을 통제하려는 헛된 시도다. 반면, 자신의 감정을 조절하고, 선택에 책임을 지며, 스스로의 태도를 변화시키는 것은 우리가 통제할 수 있는 영역이다.

예를 들어, 중요한 면접에서 탈락했을 때 결과는 이미 통제할 수 없는 과거의 일이지만, 그 상황을 받아들이고 더 많은 준비를 하는 태도는 자신의 의지에 달려 있다. 에픽테토스는 "사건 자체가 문제가 아니라 그 사건에 대한 당신의 해석이 문제다"라고 지적했다. 실제로 한 연구에 따르면, 개인이 동일한 외상 사건을 경험하더라도 그 사건에 대한 인지적 해석에 따라 스트레스 반응과 정신건강 상태가 달라진다고 한다.

우리의 삶은 예측할 수 없는 사건들로 가득하다. 로마의 철학자 보에티우스는 《철학의 위안》에서 "고난이 우리를 흔드는 이유는 우리가 진정한 행복의 근원을 외부의 조건에서 찾기 때문"이라고 말했다.

보에티우스는 로마 제국에서 유력한 정치인이었지만, 권력 투쟁에 휘말려 억울한 누명을 쓰고 감옥에 갇힌 후 사형을 선고받았다. 그는 한순간에 명예와 부를 잃었지만, 《철학의 위안》을 저술하며 고난 속에서도 자신의 철학과 신념을 지키며 삶의 진정한 의미를 찾았다. 그는 행복은 내면의 덕과 지혜에서 비롯된다고 말하며, 외부 환경은 변할 수 있지만 자신의 태도와 사고방식은 스스로 선택할 수 있다고 강조했다.

타인의 평가, 과거의 실수, 불확실한 미래 같은 것들은 우리가 어떻게 해도 완전히 통제할 수 없다. 그러나 우리는 그러한 것들에 과도하게 신경을 쓰고 집착하면서 내면에 불안과 스트레스를 키운다. 반면, 자신의 생각과 태도, 행동은 스스로 통제할 수 있는 영역이다. 내면의 평화는 바로 이 통제 가능한 부분에 집중할 때 찾아온다. 내면의 평화를 찾는 한 방법으로 정기적인 명상이 큰 도움이 될 수 있다. 여러 연구 결과를 통해 명상은 스트레스 감소와 정서적 안정에 큰 효과가 있는 것으로 알려져 있다.

그렇다면 우리는 어떻게 내면의 평화를 찾을 수 있을까?

첫째, 통제할 수 없는 것에 집착하지 말자.

어떤 문제에 처했을 때 '이것이 내 통제 범위 안에 있는가?'를 스스로에게 물어보자. 만약 내가 통제할 수 없는 일이라면 당장 그것을 내려놓는 용기를 가져야 한다. 통제할 수 없는 것에 에너지를 쏟는 대신 현재 내가 할 수 있는 일에 집중하는 것이 내면의 평화를 찾아가는 첫걸음이다.

또한 내가 통제할 수 없는 것을 놓아버리는 순간 우리는 불필요한 걱정과 불안에서 벗어나 진정으로 중요한 것에 집중할 수 있다. 내려놓음은 포기가 아니라 더 나은 선택을 위한 결단이다.

둘째, 현재에 집중하자.

과거의 후회나 미래의 불안은 현재의 평화를 방해한다. 아우렐리우스는 "오직 지금 이 순간만이 진짜 나의 것이다"라고 말했다. 현재에 집중하는 태도는 불필요한 걱정과 후회를 줄이고, 지금 이 순간에 충실할 수 있는 힘을 준다.

셋째, 자신의 생각을 관찰하자.

우리의 감정은 대부분 생각에서 비롯된다. 부정적인 감정이 휘몰아칠 때, 그것에 휘둘리지 말고 한 걸음 물러서서 자신의 생각을 객관적으로 바라보는 연습이 필요하다. '지금 이 감정은 어디서 오는가?'라는 질문을 통해 감정의 근원을 파악하면 점차 마음의 균형을 되찾을 수 있다.

내면의 평화는 결코 완벽한 조건에서만 얻을 수 있는 것이 아니다. 오히려 혼란과 불안 속에서도 자신의 중심을 지키는 태도에서 비롯된다. 마르쿠스 아우렐리우스는 우리에게 이렇게 말하고 있다. "평화는 밖에서 찾는 것이 아니라 이미 당신 안에 존재하고 있다."

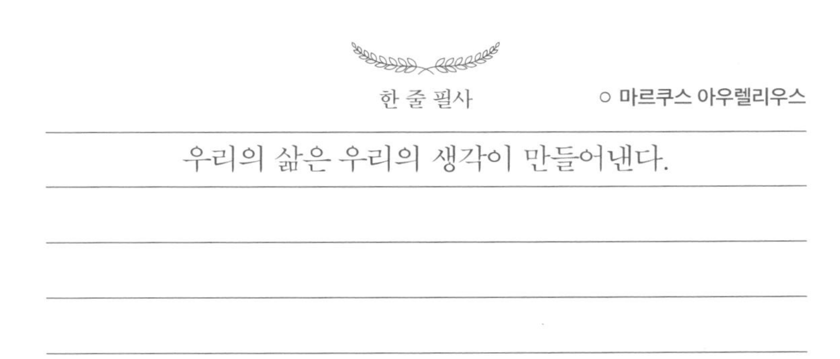

우리는 사유할 수 있기에 더 나은 삶을 만들어갈 수 있다

"인간은 생각하는 갈대다."

– 파스칼, 《팡세》

살면서 후회하지 않는 사람은 없을 것이다. 후회는 마치 그림자처럼 우리의 선택을 따라다니며, 때로는 현재를 마비시키기도 한다. 그래서 어떻게 살아야 덜 후회할 수 있을지 아는 것은 삶을 위한 중요한 문제이기도 하다.

17세기 프랑스 철학자 파스칼은 《팡세》에서 인간을 "생각하는 갈대"라고 정의했다. 그는 인간은 자연 속에서 가장 약한 존재이지만, 사유할 수 있는 존재라는 점에서 위대하다고 말했다. 갈대처럼 약하고 이리저리 흔들리지만, 그것을 인식하고, 그것에 대해 사유할 수 있기 때문에 존엄하다는 것이다. 이 말 속에는 인간이 단지 살아가는 것이 아니라 '어떻게 살아야 하는가'를 고민하며, 주체적으로 삶을 설계할 수 있는 존재라는 깊은 철학이 담겨 있다.

많은 사람이 순간의 감정에 휩쓸려 결정하고, 즉흥적인 판단이나 충동적인 행동으로 삶에서 큰 후회가 될 만한 일을 저지르곤 한다. 인간사에서 일어나는 수많은 범죄는 순간적인 충동이나 분노를 참지 못해 일어나는 경우가 많다. 그리고 순간의 감정과 분노를 다스리지 못하면 큰 대가를 치르기도 한다.

우리는 사유하지 않는 순간, 쉽게 감정과 본능에 휘둘리고, 돌이킬 수 없는 선택을 하게 된다. 그러나 그 선택은 평생의 후회를 남기게 된다. 파스칼은 생각하는 인간만이 미래를 내다보고, 더 나은 삶을 선택할 수 있다고 보았다. 다시 말해, 덜 후회하는 삶은 결국 사유하는 삶, 숙고의 결과에서 비롯된다는 것이다.

우리는 중요한 결정을 앞두고 '다들 그렇게 하니까', '이게 안정적인 길이니까'라는 이유로 선택하는 경우가 많다. 그러나 시간이 지난 뒤 그 결정이 여러 가지를 고려한 깊은 숙고에서 비롯된 것이 아니었음을 깨닫고 후회하는 경우가 적지 않다. 생각 없이 흘러가는 삶은 외부 조건에 의존하게 되고, 나중에 되돌아봤을 때 '나는 왜 그때 내 목소리를 듣지 못했을까?'라는 회한을 남긴다.

파스칼은 삶에서 덜 후회하기 위해서 무엇보다 '자기 자신에 대한 깊은 이해와 성찰'이 필요하다고 말했다. 그는 인간의 위대함은 전능함이나 강한 힘에 있는 것이 아니라 '자신이 얼마나 나약한지를 인식할 수 있는 능력'에 있다고 강조했다. 이는 곧 자신의 불완전함을 인정하고, 신중하고 겸허하게 살아가려는 태도와 연결된다.

가령, 우리는 누군가에게 상처를 주거나 일을 망치고 나서 "그때 한 번 더 생각했더라면…" 하고 후회하게 된다. 이는 생각이 부족했던 결정이나 말이 부른 결과다. 파스칼은 인간의 감정적 충동과 이성적 사유 사이의 갈등을 날카롭게 통찰하며, 덜 후회하는 삶을 위해서는 '내면의 중심'을 잃지 말아야 한다고 말했다.

일상의 작은 선택에서도 마찬가지다. 순간의 스트레스 해소를 위해 한 과소비, 자신의 기분에 따라 던지는 말이 시간이 지나 후회로 돌아오기도 한다. 한국 사회에서는 한동안 '탕진잼'이라는 단어가 유행처럼 번졌다. '탕진하면서도 즐거움(잼)을 느낀다'는 의미로, 자신의 수입을 미래보다 지금의 즐거움에 쓰는 것을 표현한 말이다. 또 하나의 유행어였던 '욜로(You Only Live Once)' 역시 "인생은 한 번뿐이니 지금을 즐기자"는 의미로 소비와 경험을 즉각적으로 추구하는 태도를 정당화했다. 이러한 문화는 경제적 불안, 미래에 대한 회의감, 경쟁 중심 사회에서 오는 피로감에 대한 일종의 해방구였는지도 모른다.

하지만 이러한 즉각적 충족의 삶은 깊은 성찰 없이 이루어진 선택과 무계획적인 소비로 이어져 시간이 지난 뒤 후회로 남는 경우가 많다. 오로지 기분 전환을 위한 과도한 지출이 경제 상황을 악화시킬 수도 있고, 감정에 기대어 내린 결정들이 삶을 망가뜨릴 수도 있다. 지금 이 순간의 즐거움만을 좇다 보면, 결국 그것이 미래의 짐이 되어 돌아오는 경우가 많다. 그러나 그때 조금만 더 생각하고, 사유할 수 있었다면 결과는 달라졌을지 모른다. 결국 사유는 시간을 이기고, 감정을 가라앉히며, 후회를 줄이는 가장 실천적인 지혜다.

그렇다면 어떻게 사유하는 태도를 일상화할 수 있을까?

첫째, 멈추는 습관을 들이자.

무언가를 결정하거나 말하기 전에 5초만 멈추고 생각해보자. 파스칼은 "모든 인간의 불행은 방 안에 조용히 앉아 있을 수 없다는 데에서 비롯된다"고 말했다. 이는 내면의 고요함과 사유 없이 외부의 자극과 즐거움에만 몰두할 때 결국 후회를 안게 된다는 의미다. 감정이 휘몰아칠 때, 욕망이 들끓을 때, 단 5초간 멈추는 태도를 습관화해보자. 단지 잠깐 멈추는 행동으로 우리는 수많은 후회를 줄일 수 있다.

둘째, 사소한 선택에도 의미를 부여하자.

일상의 선택에 대해 '왜 이 선택을 하는가'를 자문해보자. 돈을 쓸 때, 사람을 만날 때, 무언가를 포기할 때 그 이유를 생각하는 습관은 삶을 더 나은 방향으로 이끌 수 있다. 파스칼은 작은 습관이 삶 전체를 형성한다고 말했다.

셋째, 타인의 삶이 아닌 자신의 삶을 살자.

우리는 SNS, 미디어, 주변 사람들의 기준에 좌우되어 살 때가 많다. 파스칼이 말한 '생각하는 인간'은 비교의 삶이 아니라 자기 삶을 주체적으로 살아가는 존재다. 내가 아닌 타인의 시선으로 내 삶을 선택하면 반드시 후회가 남는다. 내면의 목소리에 귀 기울이고, 나에게 진짜 중요한 가치를 기준 삼아 살아가는 것이 중요하다.

덜 후회하는 삶은 완벽한 선택을 하는 삶이 아니다. 실수 속에서도 배우고, 감정 속에서도 멈춰 생각하며, 끊임없이 자기 삶을 성찰하는 태도를 통해 우리는 후회를 크게 줄여갈 수 있다. 파스칼이 말한 '생각하는 갈대'란 연약하지만 사유하는 존재로서의 인간을 일깨우는 말이다. 우리도 그러한 존재로서 흐름에 휩쓸리지 않고, 순간에 휘둘리지 않는 삶을 현명하게 선택할 수 있다.

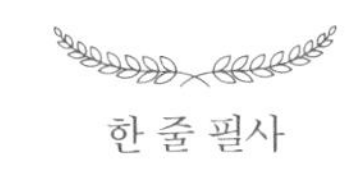

한 줄 필사

○ 파스칼

자신이 나약하다는 것을 아는 것이 진정한 강함이다.

멈추어야 비로소 삶의 방향이 보인다

"모든 행위에 있어 알아차림을 지닌다면 행복이 따른다."

– 붓다, 《법구경》

현대 사회는 무한경쟁의 사회이기에 우리는 멈추는 것을 두려워한다. 그래서 늘 바쁘게 움직이며 무언가를 이뤄야 한다는 압박 속에서 살아간다. 하지만 달리는 차에서 풍경을 제대로 볼 수 없듯이 삶에서 멈추지 않으면 자신을 제대로 볼 수가 없다. 붓다는 "멈춰야 비로소 나를 보고, 삶을 느끼고, 진실을 깨달을 수 있다"고 우리를 일깨운다.

붓다의 철학에서 멈춤은 단순한 정지를 의미하는 것이 아니다. 그것은 마음을 가라앉히고, 지금 이 순간을 있는 그대로 바라보는 '깨어 있음'의 시작이다. 명상과 수행의 핵심도 바로 여기에 있다. 생각과 감정, 욕망과 판단이 소용돌이치는 마음에서 한 걸음 물러나 스스로를 관조하는 멈춤이야말로 삶을 제대로 회복하고, 자신을 살리는 첫걸음이다.

많은 사람이 이렇게 하소연한다. "정말 쉬고 싶은데 쉴 수가 없어요." 하지만 쉴 수 없는 진정한 이유는 자기 자신에게 있다. 우리는 아무것도 하지 않으면 불안해지고, 조급해지고, 무가치해지는 느낌을 받게 된다. 그래서 멈추지 못하고, 자신을 닦달하며 앞으로만 내달린다.

그러나 이러한 불안은 멈추지 않아서 생기는 것이 아니라 멈추는 법을 배우지 못했기 때문에 생겨난다. 한국노동사회연구소의 보고서에 따르면, 노동부의 사업체 규모별 연차휴가 사용실태 조사에서 평균 연차휴가 소진율은 57.8%에 불과한 것으로 나타났다. 이는 많은 근로자가 자신에게 주어진 휴가를 모두 사용하지 못하고 있음을 보여주는 수치다. 업무에 대한 책임감, 대체 인력 부족, 동료에 대한 부담감, 그리고 휴가 사용에 대한 죄책감까지 다양한 이유로 인해 직장인들은 주어진 휴일도 사용하지 못하는 것이다.

이는 제도적 문제라기보다 사람들 마음속 깊은 곳에 자리 잡은 불안과 조급함의 반영이라 할 수 있다. 방송인 정형돈씨는 인기 정점에 있을 당시, 스케줄을 소화하며 쉴 틈 없이 달리다 공황장애를 겪고 방송 활동을 중단한 적이 있다. 그는 인터뷰에서 "카메라 앞에 서는 것 자체가 무서웠고, 모든 게 버겁게 느껴졌다"고 고백했다. 결국 그는 휴식을 선택했고, 정신적 안정과 회복을 위해 긴 공백기를 가졌다. 이후 다시 방송에 복귀한 그는 "멈춘다는 건 결코 포기가 아니라 나를 지키는 방법이었다"고 말하며 '쉼'의 중요성을 몸소 보여주었다.

불교 수행에서는 '호흡 관찰'이라는 아주 단순한 명상이 있다. 이는 그저 숨을 들이쉬고 내쉬는 것을 알아차리는 것이다. 너무 간단해서 별것 없어 보이지만, 이 연습은 무수한 생각과 감정으로부터 한 발 물러나 삶을 바라보게 한다. 우리가 일상에서 멈춰야 하는 이유도 이와 같다. 바쁘게 살며 중요한 것을 놓치고 있지는 않은지, 지금 내가 가고 있는 방향이 정말 내가 원하는 삶인지 묻기 위해서 우리는 어느 순간 멈출 필요가 있다.

붓다는 "잠시 멈추어 바라보면, 모든 고통의 원인이 보이고, 모든 치유의 길이 열린다"고 말했다. 멈춤은 피곤해서 쉬는 것이 아니라, 진짜 나를 만나기 위해 특별히 쉬는 것이다. 그것을 통해 우리는 욕망과 집착으로부터 자유로워지고, 타인의 시선이나 세상의 기준을 벗어나 자신의 중심에 가까워질 수 있다.

우리는 디지털 기기와 SNS, 무한 경쟁이 일상이 된 삶 속에서 '쉬지 않는 삶'에 익숙해져 있다. 하지만 잠깐의 멈춤 없이 이어지는 삶은 결국 고장이 나게 된다. 기계도, 차도, 몸도 계속 제대로 작동하기 위해서 정비의 시간이 필요하듯이 우리 마음 역시 정기적인 멈춤이 필요하다. 그렇지 않으면 멈추고 싶지 않아도 결국 멈출 수밖에 없는 상황에 이르게 된다.

멈춤은 나약함이 아니라 오히려 용기라 할 수 있다. 자신을 마주할 용기, 불안한 공백을 견딜 용기, 아무것도 하지 않음 속에서 진짜 의미를 발견할 용기이기 때문이다. 붓다는 그 용기를 낸 자만이 진정한 자유와 평화를 얻는다고 말했다.

이러한 '멈춤의 힘'을 실천하고 있는 이들은 철학자나 수행자만이 아니다. 세계적인 비즈니스 리더들 역시 명상과 멈춤의 중요성을 강조하고 실천해 왔다. 세일즈포스의 창립자이자 CEO인 마크 베니오프는 임직원들을 대상으로 명상 시간을 제공하고, 사무실 내에 '명상룸(Mindfulness Zone)'을 마련해두고 있다. 그는 "진정한 혁신은 고요한 마음에서 출발한다"고 말하며, 하루 중 잠시 멈춰 현재의 순간을 바라보는 것을 가장 생산적인 습관 중 하나로 꼽았다. 또 세계 최대 헤지펀드 브리지워터 어소시에이츠의 설립자 레이 달리오는 매일 아침 20분씩 초월명상(Transcendental Meditation)을 실천하며 스트레스 관리와 창의적인 문제 해결 능력을 향상시켰다고 말했다. 그는 "명상은 내가 가진 가장 강력한 무기"라고 강조하며 수많은 젊은 기업가들에게 명상을 적극 추천하고 있다.

이처럼 고요함 속에서 얻는 통찰은 삶에서 강력한 힘을 발휘한다. 복잡한 문제를 명확히 보고, 흐려진 중심을 되찾고, 삶의 방향을 바로잡는 데 있어 '멈춤'과 '명상'은 탁월한 도구다. 붓다가 설파한 마음챙김(mindfulness)은 더 이상 수행자들의 전유물이 아니다.

우리는 갈수록 치열해지는 세상에서 살아남기 위해서라도 잠시 멈추고 자신의 내면과 대화를 나누는 용기를 배워야 한다.

그렇다면 우리는 어떻게 삶에서 멈추는 시간을 가질 수 있을까?

첫째, 하루 5분이라도 아무것도 하지 않는 시간을 가져보자. 핸드폰도 끄고, 음악도 끄고, 단지 앉아서 생각을 비우는 것만으로도 마음의 속도가 느려진다. 처음엔 어색하지만, 점점 그 고요함이 내게 말을 걸기 시작할 것이다.

둘째, 지금 여기에 머무는 연습을 하자. 과거의 실수나 미래의 불안을 붙잡지 말고, 지금 내가 보고 듣고 느끼는 것에 집중해보자. 일상에서 밥을 먹을 때, 걷고 있을 때, 상대와 이야기할 때도 의식적으로 '지금'을 느끼는 훈련을 해보자.

셋째, 삶에 쉼표를 그리는 루틴을 만들자. 주말마다 자연을 걷거나, 일기 쓰기, 명상 앱을 활용해 정기적으로 마음을 정비하는 시간을 갖는 것도 좋다. 중요한 점은 '일을 멈추는 시간'이 아니라 '나를 돌보는 시간'임을 인식하는 것이다.

삶은 속도가 아니라 방향이다. 그리고 방향을 바로잡으려면 반드시 멈춤이 필요하다. 붓다는 우리가 멈춤을 통해 본래의 자리로 돌아올 수 있다고 말했다. 내면의 평화는 바쁜 삶을 이겨낸 보상이 아니라 멈추는 순간 허락되는 선물이다.

한 줄 필사

○ 붓다

멈추는 자만이 진짜 삶을 다시 시작할 수 있다.

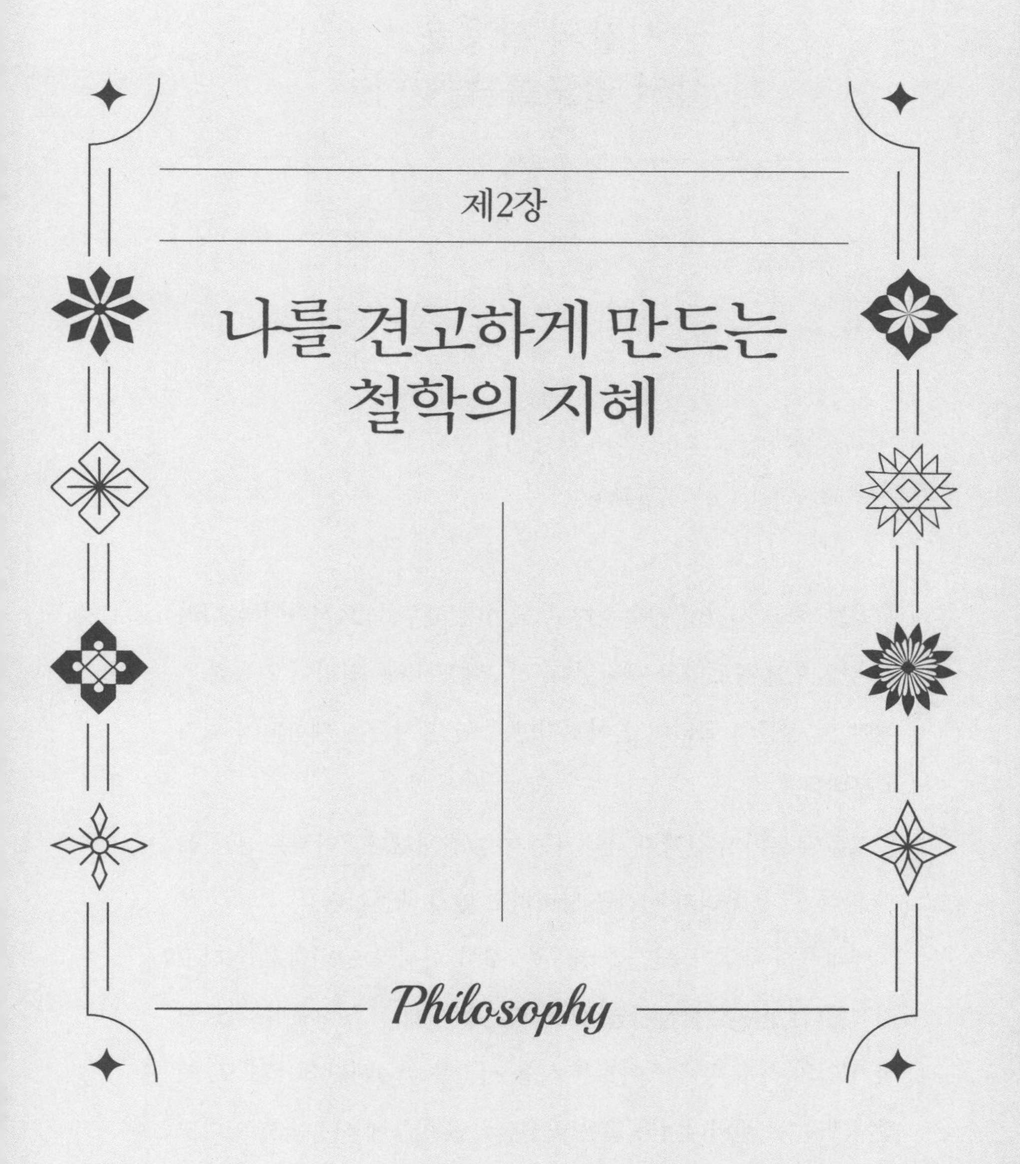

제2장

나를 견고하게 만드는 철학의 지혜

Philosophy

시간의 활용은 삶의 밀도를 높인다

"인생은 짧지 않다. 우리가 낭비하고 있을 뿐이다."

– 세네카, 《인생의 짧음에 관하여》

우리는 종종 시간이 부족하다고 느끼며 하루가 24시간이 아니라 더 길었으면 좋겠다고 생각한다. 하루에도 바쁜 일정이 가득하고, 해야 할 일들이 끝없이 쏟아지지만 주어진 시간은 제한되어 있기 때문이다.

그런데 로마의 철학자 세네카는 이렇게 말했다. "인생은 본래 짧지 않다. 단지 우리가 시간을 낭비하고 있기 때문이다."

세네카는 우리가 시간을 채우는 것이 아니라 낭비하고 있다고 지적했다. 실제로 한국지능정보사회진흥원(NIA) 조사에 따르면, 한국 성인의 하루 평균 스마트폰 사용 시간은 약 4시간 30분으로, 이 중 40%는 소셜미디어와 같은 비생산적인 활동에 사용되고 있다고 한다.

우리는 시간이 흘러가는 것을 자연스러운 일로 여기고, 시간의 가치를 인식하지 못하고 대부분 중요하지 않은 일들로 하루를 보낸다. 그래서 중요한 것은 똑같이 주어진 시간을 잘 사용할 수 있는 시간 활용 능력을 갖추는 것이다.

세네카는 시간에 대해 그 본질을 명확히 했다. 시간은 의미 있게 사용해야 하는 자산이라는 사실이다. 우리는 돈은 아끼고 철저히 관리하면서도 정작 시간은 쉽게 낭비한다. 그러나 돈은 다시 벌 수 있지만, 잃어버린 시간은 결코 되돌릴 수 없다.

세계적인 투자자 워런 버핏은 자신의 성공 비결 중 하나로 시간 활용을 강조했다. 그는 “가장 중요한 것은 무엇에 ‘아니오’라고 말할 수 있는 능력”이라고 말하며, 불필요한 활동을 줄이고 중요한 일에 집중하는 것이 성공의 열쇠라고 밝힌 바 있다.

워런 버핏은 성공을 이루는 방법으로 25-5 법칙을 제시했다. 이는 자신의 항공기 조종사에게 조언했던 방식에서 비롯된 것으로, 인생에서 이루고 싶은 목표 25가지를 적고, 그중 가장 중요한 5가지를 선택하는 것이다. 5가지를 선택한 뒤 그에 대한 세부계획을 세운다. 그리고 5가지를 성공할 때까지 나머지 20가지는 ‘절대 하지 말아야 할 목록’으로 간주하라는 것이다. 이 일화는 버핏이 시간과 에너지를 얼마나 ‘선택과 집중’에 두는지를 잘 보여준다. 그가 큰 성공을 거둘 수 있었던 이유는 바로 정말 중요한 일에 시간을 잘 활용했기 때문이다.

많은 사람이 미래를 위해서 현재를 희생한다. '이 일을 다 끝내고 나면 그때 여유를 가질 거야' '아이가 대학에 가고 나서 내 일을 할 거야' 등등 미래를 위해 사는 것이 더 가치 있는 삶이라고 생각한다. 그러나 세네카는 그러한 사고방식을 경계했다. 그는 행복은 미래의 목표에 있는 것이 아니라 지금 이 순간의 선택에 의한 것이라고 말했다. 우리의 삶은 지금 이 순간들의 경험과 선택으로 만들어지는 총체이기 때문이다.

그렇다면 우리는 어떻게 시간을 더 의미 있게 사용할 수 있을까?

첫째, 삶의 우선순위를 분명히 하자.

가장 소중한 것이 무엇인지 스스로에게 물어보자. 진정으로 중요한 것에 집중하기 위해 불필요한 일과 관계에서 벗어나는 용기가 필요하다. 부지런하게 사는 것은 중요하지만, 불필요하게 바쁘거나 쓸데없는 것에 시간을 낭비하는 일은 지양해야 한다. 자신에게 중요하고 의미 있는 일에 시간을 우선적으로 투자하면 시간을 효율적으로 사용할 수 있다.

둘째, 매일의 시간을 의식하자.

하루를 마감할 때, 나는 오늘 어떻게 시간을 사용했는지 돌아보고 기록해보면 자신의 시간 사용에 대해 인식할 수 있다. 이를 통해 자신이 어떤 일에 시간을 많이 사용하고, 또 낭비하고 있는지 파악해 더 나은 선택을 할 수 있게 된다.

셋째, 배움과 성장에 시간을 투자하자.

시간을 가치 있게 사용하는 가장 좋은 방법은 자신을 성장시키는 일에 투자하는 것이다. 독서, 새로운 기술 배우기, 성찰의 시간을 통해 우리는 '소비'가 아닌 '축적'의 삶을 살아갈 수 있다.

세네카의 말처럼 삶은 결코 짧지 않다. 우리는 단지 그것을 충분히 활용하지 않고 있을 뿐이기에 우리가 시간을 어떻게 사용하는지에 따라 우리의 인생이 크게 달라질 수 있다. 후회 없는 삶은 더 많은 시간을 갖는 것이 아니라 '지금 이 순간'을 온전히 살아가는 데서 시작된다.

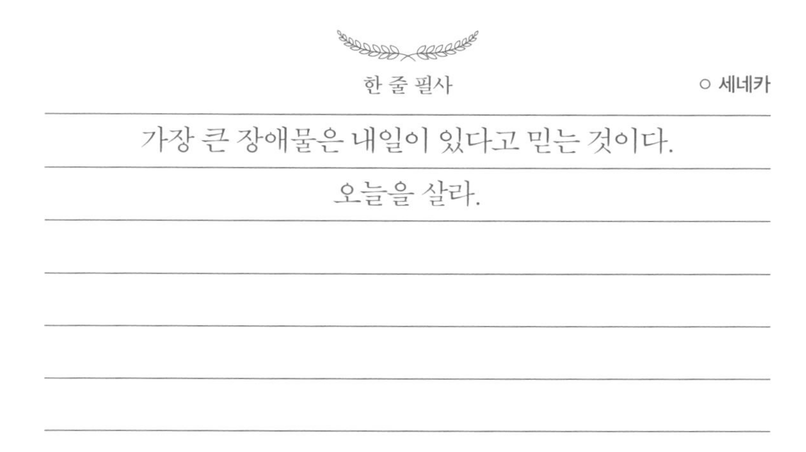

변화는 새로움을 향한 용기다

"모든 것은 흐른다."

– 헤라클레이토스, 〈단편들〉

세상은 끊임없이 변화한다. 우리는 어제의 나와 다르고, 지금 이 순간에도 변하고 있다. 하지만 변화는 종종 두려움과 불안을 동반한다. 새로운 환경, 예상치 못한 도전, 익숙한 것에서 벗어나 낯선 것을 받아들이는 과정은 누구에게나 쉬운 일이 아니다.

고대 그리스 철학자 헤라클레이토스는 "모든 것은 흐른다(Panta Rhei)"라고 말했다. 변화는 피할 수 없는 것이며, 그것을 받아들이는 것이 삶의 본질이라는 의미다.

하버드대 연구 결과에 따르면, 불확실성을 긍정적으로 해석하는 사람이 그렇지 않은 사람보다 삶의 만족도가 35% 더 높다고 한다. 삶에서 끊임없이 성장하기 위해서는 안주하지 않고 변화하는 자세가 필수 요소다. 하지만 우리는 익숙한 환경에 안정감을 느끼며, 변화가 안정된 삶을 바꿔놓을까 두려움을 갖는다.

변화에 대한 저항은 심리적 안정감을 유지하려는 본능에서 비롯된다. 심리학자들은 이를 '인지적 안전망(Cognitive Safety Net)'이라고 지칭한다. 사람들은 기존의 틀을 유지하려는 경향이 있으며, 예상치 못한 변화가 이를 깨뜨릴 때 두려움을 느낀다. 그러나 변화는 우리가 막을 수 있는 것이 아니기에 우리는 변화와 함께 흘러가야 한다.

헤라클레이토스는 변화를 강물의 흐름을 예로 들어 설명했다. 같은 강물에 두 번 발을 담글 수 없듯이 우리 삶도 멈춰 있지 않고 흘러간다. 하지만 우리는 익숙한 환경 속에서 안정감을 찾으려 하고 변화하기를 주저한다. 그러나 변화를 거부하는 것은 강물의 흐름을 막으려는 것과 같다. 강물이 멈춘다면 그것은 더 이상 강물이 아니며 썩게 된다. 우리도 변화를 받아들이고 함께 흘러가지 않으면 삶에서 실패를 맛보거나 도태되고 만다.

특히 기업들은 변화에 얼마나 빠르게 적응하는지에 따라 생존이 결정된다. 맥킨지 보고서에 따르면, 기술 혁신을 적극적으로 수용한 기업의 매출은 5년 내 48% 증가한 반면, 변화를 거부한 기업은 오히려 매출이 감소하는 경향을 보였다고 한다.

비디오 대여점으로 미국을 비롯한 해외에서 큰 인기를 누렸던 블록버스터는 2004년 미국에 총 9,094개의 매장을 두고 해외에도

100여개의 매장을 둘 정도로 크게 성공한 기업이었다. 그러나 스트리밍이라는 시장의 새로운 변화에 적응하지 못하고 파산하고 말았다. 넷플릭스가 설립 초창기인 2000년 블록버스터에 5천만 달러에 지분 49%를 인수할 것을 제안했지만, 블록버스터는 이를 거절했고, 10년 뒤인 2010년 파산을 선언했다. 반면 스트리밍 VOD 시장을 일찍 선점한 넷플릭스는 시가총액 400조가 넘는 공룡기업이 되었다. 역사를 살펴보면 아무리 거대기업이라 해도 변화에 적응하지 못하면 하루아침에 무너지는 것을 수없이 볼 수 있다.

개인의 삶도 마찬가지다. 변화는 불가피한 것이기에 변화를 두려워하지 말고 그것을 성장의 기회로 삼는다면 새로운 가능성이 열린다.

진화론을 주장한 찰스 다윈은 "결국 살아남는 종은 강인한 종도 아니고, 지적 능력이 뛰어난 종도 아니다. 변화에 가장 잘 적응하는 종이 마지막까지 살아남는다"라고 말했다.

헤라클레이토스의 가르침은 변화가 삶의 자연스러운 흐름임을 말해준다. 그렇다면 우리는 어떻게 변화에 유연하게 대응할 수 있을까?

첫째, 변화를 받아들이는 마음가짐을 갖자.

변화를 피하려 하지 말고 그 자체를 삶의 일부로 인정하는 것이 중요하다. 변화는 성장의 기회이며, 새로운 가능성을 여는 문이다. 헬렌 켈러는 "행복의 한쪽 문이 닫히면 다른 쪽 문이 열린다. 그러나 흔히 우리는 닫혀 있는 문을 오랫동안 보기 때문에 우리를 위해 열려 있는 문을 보지 못한다"라고 말했다. 그래서 "이 변화는 나를 어떻게 성장시킬까?"라고 열려 있는 문을 바라보고 접근해 가야 한다. 그것이 자신을 성장으로 이끄는 길이다.

둘째, 작은 변화부터 시도하자.

큰 변화를 한 번에 받아들이는 것은 결코 쉽지 않다. 그래서 작은 변화부터 시작해보자. 새로운 취미를 시도하거나, 일상의 루틴을 조금 바꿔보는 것만으로도 변화를 수용하는 연습이 된다. 작은 성공 경험이 쌓이고 쌓이면, 더 큰 변화에도 유연하게 대응할 수 있다.

셋째, 변화를 두려워하는 자신을 인정하자.

두려움은 누구나 갖고 있는 자연스러운 감정이다. 중요한 것은 두려움을 없애려 애쓰는 것이 아니라 그 감정을 인정하고 함께 나아가는 용기다. 두려움에 대해 부정적인 감정을 갖는 대신 '나는 지금 두렵지만, 그래도 앞으로 나아갈 수 있다'고 스스로 인정하고 독려하는 태도를 갖자.

헤라클레이토스의 말처럼 모든 것은 흐른다. 우리는 살아 있는 동안 수없이 많은 변화를 마주할 수밖에 없다. 그래서 변화에 맞서 싸우기보다 흐름에 몸을 맡기고 그 과정에서 배울 때 진정한 성장을 이루게 된다.

한 줄 필사

○ 헤라클레이토스

같은 강물에 두 번 발을 담글 수 없다.

삶은 계속해서 변화하고, 우리는 그 흐름 속에서 성장한다.

진짜 중요한 것을 채우기 위해 먼저 비우자

"오색찬란함은 사람들의 눈을 멀게 하고, 아름다운 음악은 사람들의 귀를 멀게 하며, 산해진미는 사람들의 입을 망쳐 놓는다. 말을 내달려 사냥하는 일은 사람들의 마음을 광분하게 하고, 얻기 어려운 재물은 사람들의 행동을 그릇되게 한다."

– 노자, 《도덕경》

노자는 인간이 겪는 혼란의 근원을 감각의 과잉과 욕망의 과도함에서 찾았다. 오색(五色), 오음(五音), 오미(五味)처럼 감각을 자극하는 것들이 오히려 마음을 혼란하게 하고, 소란스럽게 만든다고 했다. 화려함은 시선을 사로잡지만 여기에 중독되면 마음이 흐려지고, 자극적인 맛은 입을 즐겁게 하지만 지나치면 몸의 균형을 무너뜨린다. 그러한 자극들은 더 큰 자극을 원하게 하고, 결국 우리를 본질로부터 멀어지게 한다.

노자는 "과한 것은 오래가지 못한다"라고 말했다. 넘치게 채우려 하면 결국 엎질러지고, 억지로 쥐고 있으면 언젠가는 손에서 빠져 나간다. 우리의 마음이 흔들리는 것은 약해서가 아니라 너무 많은 것을 붙잡고 있기 때문이다. 그래서 진정으로 단단한 사람은 덜어 내는 사람이다. 자극을 줄이고, 욕망을 다스리고, 지나친 감각을 멀리할 때 비로소 우리는 내면의 중심을 되찾을 수 있다.

이러한 노자의 가르침은 복잡한 세상을 살아가고 있는 우리에게 더욱 중요하게 다가온다. 우리는 매일 SNS를 통해 수많은 정보와 이미지를 접하고, 비교와 평가 속에서 살아가고 있다. 더 잘 사는 법, 더 많이 버는 법, 더 멋지게 보이는 법에 관한 정보의 홍수 속에서 끊임없이 흔들릴 수밖에 없다.

그러나 지나친 욕망은 결국 피로를 부른다. 아무리 애써도 채워지지 않는 허기, 높이 올라갈수록 느껴지는 불안, 비교에서 오는 열등감과 자책감 등 욕망의 크기만큼 우리는 시달리며 살게 된다. 그래서 노자는 삶에서 비움의 가치를 강조했다. 비운다는 것은 아무것도 하지 않는 것이 아니라 하지 않아도 되는 것을 알아보는 힘이라 할 수 있다. 진짜 중요한 것을 남기기 위해 덜어내는 것, 그것이 비움이다.

노자는 이렇게 말했다. "그릇은 그 속이 비어 있기에 쓸모가 있고, 문과 창이 있어 방이 되며, 아무것도 없는 빈 공간이 있어 집이 된다." 비움은 텅 빈 상태가 아니라 쓸모 있게 존재하기 위한 전제

조건이다. 우리도 마찬가지다. 과도한 기대, 완벽에 대한 집착, 불안과 조급함을 내려놓을 때 비로소 나 자신으로 살아갈 수 있다. 더 잘 살아가기 위해서는 한 발 뒤로 물러나 비우는 시간이 필요하다. 우리는 누구나 삶에서 흔들리는 순간을 맞게 된다. 이때는 내 마음을 붙잡으려 애쓰기보다 가볍게 흘려보내보자. 명심보감에서는 이렇게 말한다. "부드러움이 억셈을 이기고 약함이 강함을 이긴다. 그러므로 혀는 오래가나 이는 억세어 부러진다." 이처럼 부드러운 것이 강한 것을 이기는 것이 자연의 이치이듯 우리도 흔들림 속에서 유연한 마음을 갖는 것이 진정한 단단함이다.

그렇다면 우리는 노자의 지혜를 어떻게 삶에서 활용할 수 있을까?

첫째, 흔들리는 마음을 부정하지 말고 바라보자.

불안하거나 조급할 때 우리는 마음을 억누르거나 억지로 다잡으려 한다. 하지만 노자는 이렇게 말한다. "멈춤은 곧 움직임의 일부이고, 가득 찬 것은 오히려 쓰임을 잃는다." 흔들리는 나를 탓하기보다는 지금 내 안에서 일어나는 감정을 고요히 바라보는 것이 중심을 되찾는 시작이다. 마음이 왜 흔들리는지, 그 안에 어떤 욕망이 숨어 있는지를 자각하는 것만으로도 중심은 조금씩 회복될 수 있다.

둘째, 감각의 소음을 줄이고 내면의 고요를 회복하자.

노자는 지나친 감각의 자극이 사람을 어지럽히고 마음을 흐리게 만든다고 했다. 노자가 말한 오색, 오음, 오미는 오늘날에는 SNS의 이미지, 끊임없는 알림, 비교의 시선이 될 수 있다. 한 걸음 물러서서 조용한 시간을 갖는 것은 모든 자극에서 벗어나 마음을 비우는 훈련이 된다. 멈춤 속에서 우리는 비로소 흐름을 느낄 수 있다.

셋째, 욕망을 비우고 본래의 나를 회복하자.

지나친 욕망은 삶을 분주하게 만들고, 시선을 계속 바깥으로 향하게 한다. 욕망을 완전히 없앨 수는 없지만, 그것이 나를 지배하지 않도록 덜어내는 것은 가능하다.

노자의 철학은 우리에게 조용한 경고를 던진다. 자극적인 것을 좇고, 과하게 채우고, 끊임없이 가지려는 마음은 결국 내면의 평온을 무너뜨리고 지속 가능함을 잃게 만든다. 우리는 흔들릴 수밖에 없는 존재지만, 흔들리는 이유를 이해하고 스스로를 조절할 수 있다면 그 자체로 흔들리지 않는 힘이 된다. 비움은 단절이 아니라 회복이며, 멈춤은 정체가 아니라 시작이다. 흔들리는 오늘의 마음을 조용히 바라보고, 작게라도 비워낸다면 또 새롭게 시작할 수 있는 긍정의 에너지를 채울 수 있다.

○ 노자

비움은 가득 참보다 유용하고, 멈춤은 움직임보다 오래간다.

삶을 다시 바라보게 하는 죽음의 의미

"죽음은 우리와 아무 상관이 없다. 살아 있는 한 죽음은 존재하지 않고, 죽음이 오면 우리는 더 이상 존재하지 않기 때문이다."

– 루크레티우스, 《사물의 본성에 관하여》

우리는 누구나 예외 없이 죽음을 맞이한다. 우리는 언젠가 이 생을 마감해야 한다는 사실을 알고 있지만, 그럼에도 죽음에 대한 두려움을 갖고 있다. 왜일까? 죽음은 불확실한 미래이자 우리가 경험해 본 적 없는 완전한 미지의 영역이기 때문이다.

고대 로마의 철학자이자 에피쿠로스 학파인 루크레티우스는 이러한 두려움이 오해와 착각에서 비롯된 것이라고 말했다. 그는 죽음은 고통이 아니라 단순한 무(無)라고 주장했다. 살아 있는 동안 우리는 죽음을 경험할 수 없고, 죽음이 찾아온 순간 우리는 더 이상 존재하지 않는다. 그렇기에 죽음은 본질적으로 고통의 대상이 될 수 없다는 것이다.

루크레티우스는 이렇게 묻는다. "우리는 태어나기 전의 무(無)를 두려워하지 않으면서, 왜 죽음 이후의 무(無)는 두려워하는가?" 이 질문은 죽음에 대한 인식을 바꾸는 강력한 성찰을 불러일으킨다.

미국의 철학자 토마스 네이글도 비슷한 논지를 펼쳤다. 그는 인간이 죽음을 두려워하는 이유는 죽음 자체 때문이 아니라 잃어버릴 시간과 경험에 대한 아쉬움 때문이라고 설명했다. 그러나 만약 죽음 이후의 상태가 태어나기 전의 상태와 다르지 않다면, 우리는 그것을 두려워할 이유가 없을지도 모른다.

루크레티우스의 논지는 죽음을 두려워하지 말고 죽음이라는 한계를 통해 삶을 더 깊이 이해하라는 가르침을 주고 있다. 그는 죽음을 두려워하지 않는 태도가 삶을 더 풍요롭고 자유롭게 살아가는 열쇠라고 보았다.

죽음은 삶의 끝이지만, 동시에 삶의 가치를 깨닫게 하는 출발점이기도 하다. 우리가 가진 시간의 유한함은 오히려 매 순간을 더 소중하게 만든다. 만약 삶이 영원하다면, 우리는 오늘의 중요성을 인식하지 못할 것이다.

루크레티우스는 우리가 지금 이 순간을 충분히 살아가고 있는지 돌아보아야 한다고 말했다. 그는 우리에게 우리가 두려워하는 것이 죽음인지, 아니면 의미 없는 삶을 살아가는 것인지에 대해 질문을 던진다. 죽음의 존재를 받아들이는 태도는 삶의 방식에도 영향을 미친다.

죽음의 의미를 생각하다보면 자연스럽게 하고 싶은 것을 하며 사는 것이 얼마나 소중한지 깨닫게 되고, 자신이 놓치고 있는 삶의 의미에 대해 생각해보게 된다. 죽음의 의미를 통해 우리는 더 충만한 삶을 만들어갈 수 있는 것이다. 이처럼 루크레티우스의 철학은 또 한편으로 어떻게 살아야 하는지에 대한 가르침이기도 하다.

그렇다면 우리는 이 지혜를 어떻게 일상에 적용할 수 있을까?

첫째, 현재의 순간을 온전히 살아가자.

죽음의 유한성을 인식할수록 우리는 지금 이 순간의 가치를 더 깊이 느끼게 된다. 하루하루를 특별한 날로 만들기 위해 굳이 거창한 일을 할 필요는 없다. 소소한 일상 속에서 의미를 발견하는 것이 진정한 삶이다.

둘째, 삶의 끝이 아닌 과정에 집중하자.

삶의 의미는 그 길이보다 어떤 과정을 거쳤는가에 달려 있다. 내가 진정으로 원하는 것이 무엇인지를 발견하고, 매 순간 올바른 선택을 통해 나만의 길을 충실히 걸어가자.

셋째, 자신의 삶을 사랑하자.

자신의 인생을 사랑하는 태도는 죽음에 대한 두려움을 넘어서는 가장 강력한 힘이다. 삶을 사랑한다는 것은 단지 만족하며 살아가는 것을 의미하지 않는다. 지금 이 순간을 있는 그대로 받아들이고, 나의 경험과 감정을 소중히 여기는 태도다. 자신의 삶을 사랑하게 되면, 삶의 주도권을 타인에게 넘기지 않게 되고, 비교와 경쟁에서 벗어나 나답게 사는 것의 가치를 발견하게 된다. 또한 실수와 후회조차도 삶의 일부로 받아들이며 자기 자신을 더 깊이 이해하고 포용할 수 있게 된다.

결국 자신의 삶을 진심으로 사랑하는 사람은 타인의 삶도 존중하며, 죽음을 두려워하기보다 삶의 순간들을 더 충실히 살아간다.

죽음은 끝이 아닌 삶을 더 깊이 이해하게 하는 또 다른 시작점이다. 이 단순한 진리가 때로는 절망의 순간에 가장 큰 위로가 되기도 한다.

우리 마음을 읽어주는 책 《나를 들여다보는 마음수업》에서는 죽음의 의미를 다음과 같이 말한다.

"우울증은 하고 싶은 것이 있었지만 그것이 좌절되거나 실패했을 때 다가온다. 또한 우울증이 만성화되면 하고 싶은 게 사라지고 아무런 의욕이 생기지 않게 된다. 그렇게 우울감이 스스로를 잠식해버리기 전에 지금 당장 하고 싶은 것이 무엇인지 리스트를 적어보자. 한 번의 좌절이나 실패로 너무 의기소침할 필요가 없다. 오늘 하루가 생의 마지막이라면 간절하게 원하는 것, 그것을 당장이라도 해보자.

죽음의 의미는 우리 삶에서 단지 슬프고 우울한 끝이 아니라 자신의 삶을 돌아보게 하고 지금 주어진 시간이 얼마나 소중하며 내게 소중한 존재가 무엇인지를 돌아보게 하는 의미가 있다."

우리가 죽음을 피할 수 없다면, 그것을 삶의 일부로 받아들이고, 남은 시간을 더 의미 있게 채우는 것이야말로 죽음을 극복하는 최고의 선택일 것이다.

한 줄 필사

○ 루크레티우스

삶은 우주의 기적 같은 선물이다.

신념은 어려움 속에서 나를 지키는 힘이다

"신념이란 말이 아니라 행동으로 증명되는 것이다."

– 키케로, 《의무론》

우리는 자신이 굳게 믿고 있던 신념이 예상치 못한 상황, 실패, 혹은 타인의 비난 앞에서 쉽게 흔들리는 경험을 하곤 한다. 그 이유는 무엇일까? 신념이 흔들리는 이유는 우리가 그것을 머릿속의 생각이나 이론적인 원칙으로 받아들이기 때문이다. 로마의 정치가이자 철학자인 키케로는 "진정한 신념은 말이 아니라 행동에서 증명된다"고 말했다.

넬슨 만델라는 인종 차별에 맞서 싸우다 27년간 감옥에 갇혔지만, 끝까지 자신의 신념을 포기하지 않았다. 그는 "평등을 믿는다"고 말로만 한 것이 아니라 감옥에서도 지속적으로 편지를 써서 인종차별정책의 부당함을 세계에 알리고, 동료 수감자들을 교육하며,

현실을 바꾸기 위한 노력을 이어갔다. 결국 그의 굳은 신념과 끊임없는 실천은 남아프리카공화국의 인종차별 철폐를 이끌어냈다. 만델라는 자신이 가진 신념을 생각이 아니라 행동을 통해 보여주고 실천했음을 알 수 있다.

신념은 믿음을 넘어 자신 삶의 방향을 결정짓는 내면의 나침반이다. 그러나 이 나침반은 외부의 유혹과 압박, 불안에 의해 쉽게 흐려질 수 있다. 그래서 신념은 지키는 것이 아니라 끊임없이 확인하고 다듬어가는 과정에 의해 확고해질 수 있다.

키케로는 신념을 한 번의 결심으로 보지 않았다. 그는 신념이란 반복적인 선택과 행동을 통해 쌓이는 습관이라고 말했다. 진정한 신념은 어려움 앞에서만 지켜지는 것이 아니라 평범한 일상 속에서 지속적으로 실천되는 것이다.

빌 게이츠는 자신의 신념이 변하지 않도록 '생각 주간(Think Week)'을 운영하는 것으로 알려져 있다. 1년에 한 번 세상의 모든 일에서 벗어나 깊이 있는 독서와 사색을 통해 자신의 신념과 가치관을 점검한다. 그는 '내가 진정으로 가치 있게 여기는 것이 무엇인가?'라는 질문을 스스로 던지며, 자신의 신념을 재정립하는 시간을 갖는다.

신념을 점검하는 과정에서 중요한 점은 그것이 단순한 믿음이 아니라 삶의 방향을 결정짓는 기준이 되는가를 확인하는 것이다. 신념은 때때로 편안함과 안전을 포기해야 하는 대가를 요구하며,

이를 감수할 준비가 되어 있는지가 신념의 깊이를 결정한다.

또한 신념이 말이 아니라 행동과 일치하는지를 점검하는 것도 필수적이다. 진정한 신념은 생각이나 말로만 존재하는 것이 아니라 구체적인 실천을 통해 드러나기 때문이다.

마지막으로 신념이 나를 더 나은 사람으로 성장시키고 있는지 살펴보는 것이 중요하다. 신념이란 고정된 틀에 나를 가두는 것이 아니라, 계속해서 변화할 수 있도록 이끄는 힘이 되어야 한다. 키케로는 신념을 지키는 과정이 불완전함과의 싸움이라고 강조했다. 완벽한 신념이라는 것은 존재하지 않는다. 중요한 점은 매 순간의 선택에서 다시 신념으로 돌아오는 우리의 자세와 태도다. 신념은 생각으로만 유지되는 것이 아니라 일상 속 작은 행동들이 모여 신념을 단단하게 만들기 때문이다.

그렇다면 우리는 삶에서 어떻게 신념을 지켜나갈 수 있을까?

첫째, 자신의 가치관을 명확히 하자.

신념은 모호한 생각이 아니라 명확한 가치관에서 출발한다. 나에게 진정으로 중요한 것이 무엇인지, 그것이 왜 중요한지 스스로에게 물어보며 신념이 삶의 단단한 나침반이자 가치관이 되도록 다져나가자.

둘째, 작은 일에서부터 신념을 실천하자.

신념은 거창한 것이 아니라 일상적인 선택 속에서 드러난다. 정직함, 책임감, 배려와 같은 가치는 일상의 작은 행동 속에서 드러나지만 삶에서 그 가치의 무게는 매우 크다.

셋째, 어려움 속에서도 일관성을 유지하자.

신념은 편할 때보다 어려울 때 더욱 중요하다. 어려움이 닥쳤을 때 신념을 지키는 것은 나 자신에 대한 믿음을 확인하는 기회다.

키케로는 "신념이란 스스로를 지키는 힘이다"라고 말했다. 신념은 내면의 깊은 곳에서 나오는 나 자신과의 약속으로, 외부의 상황에 쉽게 흔들리지 않고 어려움 속에서 나를 지키는 힘이 되어준다.

한 줄 필사

○ 키케로

진정한 용기는 신념을 지키기 위해
어떤 대가도 감수하는 것이다.

진짜 나는 내 안에 숨어 있다

"내면으로 들어가라. 진리가 그곳에 있다."

– 아우구스티누스, 《고백록》

"당신은 누구인가"라는 질문을 받는다면 뭐라고 답할 것인가? 우리는 대부분 직업, 성취, 관계 등으로 자신을 규정짓는다. 과연 이런 것들이 나라는 사람의 전부를 설명할 수 있을까?

신학자인 아우구스티누스는 "내면으로 들어가라. 진리가 그곳에 있다"라고 말했다. 이 말은 진정한 '나'를 찾는 여정은 외부가 아닌 내면의 깊은 곳에서 시작된다는 의미다. 그는 자신의 삶에서 끊임없이 질문을 던졌다. '나는 누구인가?', '무엇이 나를 진짜 나답게 만드는가?'

우리도 진짜 자신을 찾기 위해 끊임없이 이러한 질문들을 자신에게 던져보아야 한다.

스티브 잡스는 대학을 중퇴하고 자신이 진정으로 원하는 것을 찾기 위해 동양 철학을 공부하고 인도로 여행을 떠났다. 표면적으로는 방황처럼 보였지만, 그 여정은 그가 자신의 내면을 깊이 들여다보는 시간이었다. 그는 리드 칼리지에서 캘리그래피 수업, 불교 사상, 명상, 동양의 무소유 정신 등 자신이 원하는 수업만 들으며 마음이 끌리는 것들에 몰입했다. 그리고 이때의 경험이 훗날 애플의 아름다운 타이포그래피, 단순미의 철학, 직관적인 UX 디자인으로 이어졌다.

1974년 7개월 간의 인도 순례 여행은 그의 세계관을 크게 바꿔놓았다. 잡스는 인도의 가난한 마을을 다니며 물질이 아닌 정신적 풍요를 체험했다. 그는 이 시기에 "욕망을 비우고 본질을 향해 가는 길"에 대한 통찰을 얻었다고 말했다. 그의 자서전에서도 언급되었듯, 그는 인도에서 돌아온 뒤 더욱 단순함을 추구했고, 이는 이후 "단순함은 궁극의 정교함이다(Simplicity is the ultimate sophistication)"라는 애플의 디자인 철학으로 발전하게 된다. 그는 당시를 회고하며 이렇게 말했다. "내 인생의 퍼즐 조각들은 앞을 보며 맞춰지지 않았다. 오직 돌아보았을 때만 그 의미를 알 수 있었다." 그가 선택했던 '돌아가는 길'은 사실 누구보다도 자신에게 솔직해지기 위한 길이었고, 그것이야말로 진정한 자기 발견이었다.

스티브 잡스는 결국 디자인과 기술, 철학과 예술, 인간과 기계 사이의 연결을 구현한 애플 제품을 통해 자신의 자아를 구현해냈다.

우리는 자신을 정의하기 위해 타인의 시선과 사회적 기대에 의존하곤 한다. 그러나 진정한 자아란 남들이 나를 어떻게 보느냐가 아니라 내가 나를 어떻게 바라보느냐에 달려 있다. 아우구스티누스는 외부의 인정이 아닌 자신의 내면에서 나를 찾는 것이야말로 진정한 정체성을 발견하는 길이라고 말했다.

수학계의 노벨상이라 불리는 필즈상을 수상한 허준이 교수는 필즈상을 수상하고 나서 진로를 고민하는 청년들에게 이렇게 조언했다. "많은 10대 20대 분들이 그러신 것처럼 저도 이런저런 시행착오를 겪어왔다고 말할 수 있겠는데요. 다 돌아와 생각해 보니 제가 걸어온 길이 구불구불하기는 했지만, 저한테는 그게 가장 좋고 빠르고 최적화된 길이었던 것 같아요."

그의 말처럼 삶의 길에는 정답이 없다. 누군가는 빠르게 직선을 걷고, 누군가는 천천히 돌아간다. 중요한 점은 길의 형태가 아니라 그 길이 진정 나의 길이냐는 것이다. 허준이 교수는 자신의 길을 돌아보며, 그 굽은 길이 결국은 자신에게 가장 최적화된 길이었다고 말했다. 이처럼 탐색과 실험, 시행착오의 축적 속에서 나만의 길이 만들어진다.

진짜 나를 찾기 위해서는 먼저 자신이 어떤 순간에 가장 나답다고 느끼는지를 탐색하는 과정이 필요하다. 타인의 기대에 맞추기보다는 스스로 무엇을 진정으로 원하는지를 고민하는 것이 중요하다. 또한 자신이 가장 중요하게 여기는 가치를 인식하는 것이 필요하다. 개인이 신념으로 삼는 가치가 곧 삶의 방향을 결정하고, 행동의 기준이 되기 때문이다.

여기에서 더 나아가 자신이 가진 두려움을 어떻게 정의하는지도 깊이 들여다볼 필요가 있다. 두려움은 회피해야 할 대상이 아니라 오히려 나의 내면을 더 깊이 이해할 수 있는 단서가 될 수 있다. 자신의 두려움을 인정하고 직면할 때, 우리는 더 깊은 자아를 발견하고 성장할 기회를 얻게 된다.

아우구스티누스의 질문은 자신을 바라보는 시각을 제시한다. 그는 자신의 약점과 실수조차도 숨기지 않고 솔직하게 바라보며, 그 안에서 진정한 자아의 흔적을 찾았다.

진정한 자아의 발견은 일상 속에서 실천하고 경험해야 하는 과정이다. 그렇다면 우리는 어떻게 나를 더 깊이 이해하고 발견할 수 있을까?

첫째, 혼자만의 시간을 갖자.

바쁜 일상 속에서는 진짜 나의 목소리를 듣기 어렵다. 하루 중 짧은 시간이라도 조용히 나 자신과 대화하는 시간을 가져보자. 내면의 소리에 귀 기울이는 것이 자아 발견의 첫걸음이다.

둘째, 글쓰기를 통해 나를 표현하자.

아우구스티누스가 《고백록》을 통해 자신의 내면을 탐구했듯이, 글쓰기는 나를 깊이 들여다볼 수 있는 강력한 도구다. 나의 감정, 생각, 경험을 진솔하게 기록하다보면 그 안에서 숨겨진 진짜 나를 발견할 수 있다.

셋째, 나의 부족한 점과 약점을 받아들이자.

유퀴즈에 출연한 허준이 교수는 이렇게 말했다. "잘해야 한다는 생각을 안 하는 게 제일 중요한 것 같아요. 잘해야 된다는 생각이 모든 걸 망치는 것 같아요." 완벽해야 한다는 강박은 진짜 나를 가리는 가면이 될 수 있다. 실수와 약점조차 나의 일부로 인정하는 것이 진정한 자아를 받아들이는 과정이다. 아우구스티누스도 자신의 죄와 약점을 통해 더 깊은 성찰과 성장의 기회를 얻었다고 말했다.

진짜 나를 찾는 여정은 끝이 없다. 그것은 고정된 목표가 아니라 끊임없이 변화하는 삶 속에서 나를 탐색하는 과정이다. 때로는 길을 잃고 방황할 수도 있지만, 중요한 것은 나의 내면을 향해 질문을 멈추지 않는 것이다.

진정한 나를 찾는다는 것은 더 나은 모습이 되는 것이 아니라 이미 있는 나의 본질을 발견하고 받아들이는 것이다. 결국 진짜 나는 내가 살아가는 방식, 내가 사랑하는 것, 내가 믿는 가치 속에 숨어 있다. 그러나 우리가 그것을 찾는 순간 우리는 삶에서 가장 소중한 보석을 발견해내는 것이다.

한 줄 필사

○ 아우구스티누스

타인이 너를 어떻게 평가하든

오직 너 자신이 진리를 따를 때 너는 자유로울 것이다.

실패를 실패로 받아들이지 않으면 그것은 더 이상 실패가 아니다

"나는 무엇도 확신하지 않는다."

– 미셸 드 몽테뉴, 《수상록》

실패를 두려워하지 않는 사람은 없다. 면접에서 떨어지고, 사업에 실패하고, 인간관계가 어그러지면 우리 마음속에는 불안과 자책이 밀려온다. '나는 무능한 걸까?', '이것이 내 인생을 망치는 것은 아닐까?'라는 생각이 끊임없이 떠오른다. 하지만 우리는 실패 속에서 중요한 메시지를 찾아낼 필요가 있다.

르네상스 시대의 철학자 미셸 드 몽테뉴는 "나는 무엇도 확신하지 않는다"고 말했다. 이 말은 불확실성을 인정하고, 우리가 확고하게 믿고 있는 것조차도 의심해봐야 한다는 의미다. 실패 역시 마찬가지다. 우리는 실패를 하면 그 순간 끝이라고 생각하지만, 그것이 정말로 끝인지 의심해볼 필요가 있다.

몽테뉴는 실패를 부정적으로 보지 않았다. 그는 실패를 자신을 이해하는 하나의 기회로 보았다. 몽테뉴는 젊은 시절 프랑스 보르도 고등법원의 법관으로 재직했다. 귀족 가문 출신으로 사회적으로도 안정된 지위에 있었지만, 몽테뉴는 정치와 권력의 세계에서 회의와 피로감을 느꼈다. 재판과 정치적 업무는 그의 기질과 맞지 않았고, 당시 프랑스 사회의 혼란과 부조리를 가까이에서 겪으며 그는 점차 염증을 느꼈다. 특히 16세기 프랑스는 종교 전쟁과 권력 다툼으로 혼란스러웠고, 그는 점차 자신이 지닌 내면적 성찰의 감수성과 공적 역할 사이의 간극에 고통을 느꼈다.

결국 그는 38세의 나이에 관직에서 물러나 고향에 있는 탑서재에 칩거하며 글을 쓰기 시작했다. 많은 사람이 공직을 내려놓은 그를 실패자로 보았지만, 몽테뉴는 그렇게 생각하지 않았다. 오히려 그는 그 시간 동안 자신을 돌아보며 "나는 누구인가"라는 질문에 대해 답을 찾으려 했다. 그렇게 세상으로부터 물러난 침묵의 시간 속에서 몽테뉴는 인간의 감정과 이성, 삶과 죽음을 관통하는 깊은 사유를 통해 영원한 고전《수상록》을 집필했다.

우리는 실패를 끝이라고 생각하지만, 사실 그것은 다른 가능성이 시작되는 지점이다. 실패가 무너뜨리는 것은 우리의 가능성이 아니라 우리가 스스로 세운 기대와 환상일 뿐이다.

우리는 누구나 실패를 피하려고 한다. 하지만 몽테뉴는 실패를 통해 배우고, 성장하며, 자신을 더 깊이 이해할 수 있다고 말했다.

진짜 실패란 도전조차 하지 않는 것이다. 우리가 실패를 두려워하는 이유는 실패 그 자체 때문이 아니라 실패했을 때 느끼는 좌절감과 타인의 평가 때문이다.

최근 들어 '회피형' 성향을 보이는 사람들 관련 뉴스가 많이 보도되고 있다. 이들은 실패나 거절의 가능성을 피하기 위해 인간관계뿐만 아니라 새로운 도전이나 기회를 회피하는 경향을 보인다. 이러한 행동은 단기적으로는 스트레스나 불안을 줄일 수 있지만, 장기적으로는 개인의 성장과 발전을 저해할 수 있다.

우리는 실패했을 때 스스로를 탓하고, 다른 사람들의 시선을 신경 쓰며, 자존감을 잃는다. 하지만 실패는 우리가 살아가면서 누구나 거치는 과정일 뿐 우리의 가치를 결정하는 요소가 아니다. 만약 우리가 실패를 하나의 경험으로 받아들이고, 그것을 통해 무엇을 배웠는지를 고민한다면, 실패는 두려움의 대상이 아니라 우리를 성장시키는 소중한 기회가 된다.

모바일금융 플랫폼 '토스'를 창업한 이승건 대표는 8번의 사업 실패를 겪었다. 의사 출신 창업자라는 이색 타이틀에도 불구하고 초기엔 앱을 내놓을 때마다 이용자 유치에 실패했고, 투자자들로부터 외면을 받았다. 그러나 그는 실패할 때마다 왜 실패했는지 철저히 분석했고, 사용자의 심리를 이해하며 제품을 개선했다. 그 결과 토스는 국내 대표 핀테크 기업으로 자리 잡았을 뿐만 아니라 유니콘 기업이 되었다.

이처럼 실패는 단지 틀림이나 낙오가 아니다. 성공의 조건을 알아가는 실험의 과정이며, 나 자신에 대해 더 깊이 이해하는 계기가 될 수 있다.

그래서 살아가면서 실패를 두려워하고 피하려고 하기보다 실패를 받아들이고 활용하는 것이 중요하다. 그렇다면 우리는 어떻게 실패를 성장의 기회로 바꿀 수 있을까?

첫째, 실패를 인정하고 감정을 받아들이자.

실패했을 때 가장 먼저 해야 할 일은 그것을 부정하지 않는 것이다. 좌절하고 실망하는 감정은 자연스러운 것이다. 하지만 그 감정에 사로잡혀 머무르는 것이 아니라 그 감정을 통해 자신을 돌아볼 필요가 있다.

둘째, 실패에서 배울 점을 찾자.

실패를 무조건 나쁜 경험으로 치부할 필요는 없다. 실패는 우리에게 개선을 위한 중요한 메시지를 남긴다. 무엇이 잘못되었는지, 다음에는 어떻게 해야 할지를 고민하는 과정을 통해 우리는 한 단계 발전할 수 있다.

셋째, 타인의 평가에 연연하지 말자.

많은 사람이 실패보다 타인의 시선을 더 두려워한다. 몽테뉴는 "진짜 중요한 것은 타인의 평가가 아니라 자기 자신을 어떻게 바라보느냐라는 점이다"라고 말했다. 실패를 부끄러워하기보다 나의 성장 과정으로 받아들이는 긍정적인 태도가 필요하다.

몽테뉴는 "나는 무엇도 확신하지 않는다. 그렇기에 실패조차도 나를 정의할 수 없다"라는 명언을 남겼다. 우리는 실패 속에서 나를 이해하고, 더 나은 방향을 찾고, 성장해갈 수 있다. 실패를 어떻게 받아들이냐에 따라 실패는 오히려 성공을 위한 관문이 된다.

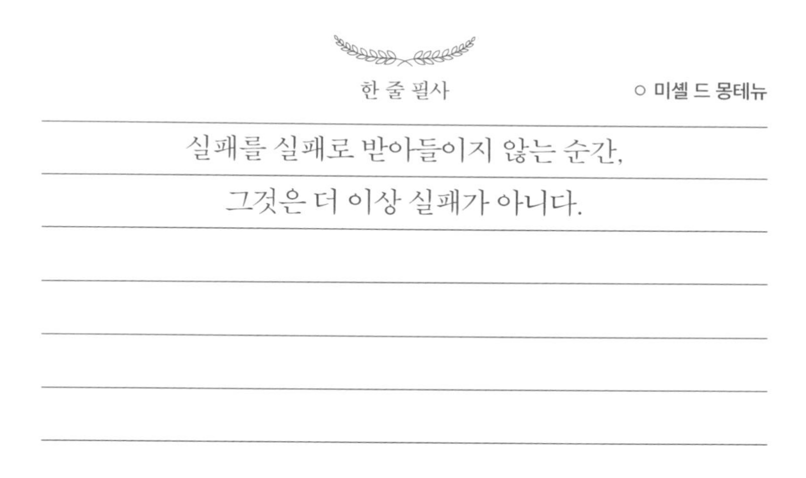

습관은 나를 형성하는 설계도다

"우리는 습관의 존재다. 우리의 성격은 반복된 행동의 총합이다."

– 존 듀이,《인간 본성과 행위》

우리는 매일 비슷한 하루를 반복하며 살아간다. 아침에 일어나 같은 시간에 출근하고, 비슷한 업무를 처리하고, 익숙한 사람들과 대화하며 하루를 마감한다. 이러한 반복은 때때로 지루하고 의미 없게 느껴진다.

미국의 철학자 존 듀이는 이렇게 말했다. "우리는 습관의 존재다. 우리의 성격은 반복된 행동의 총합이다." 즉, 우리가 누구인지는 결국 우리가 어떤 습관을 가지고 살아가는지에 달려 있다는 것이다.

듀이는 습관을 행동의 반복이 아니라 우리의 성격과 인격, 삶의 방향을 결정짓는 가장 중요한 구조로 보았다. 그는 인간을 태어날 때부터 고정된 본능에 따라 살아가는 존재로 보지 않고, 반복되는 환경과 경험 속에서 형성되는 존재라고 보았다. 다시 말해, 우리는 주어진 조건보다 반복되는 선택과 행동의 누적을 통해 '나'를 만들어간다는 것이다.

듀이의 관점에 따르면, 습관은 마치 삶의 무의식적인 설계도와도 같다. 우리는 매일의 삶에서 수없이 많은 선택을 하며 살아간다. 누군가와 만났을 때 건네는 말투, 스트레스를 받으면 먹는 음식, 걸음걸이와 잘 짓는 표정들, 아침에 일어나자마자 하는 행위 등 각자가 하는 행동들이 있을 것이다. 이러한 미세한 결정과 행동의 반복이 쌓여 우리의 태도, 사고방식, 그리고 인격을 형성한다. 중요한 사실은 대부분의 습관은 의식 없이 형성되고 작동한다는 점이다. 퇴근 후 자동으로 텔레비전 켜기, 하루 종일 무심코 스마트폰 확인하기, 싫어하는 사람을 만났을 때 하는 반응 등은 의도하지 않았지만 반복되어 나를 형성한 습관들이다.

듀이는 바로 이 점을 경계했다. 우리가 자신의 습관을 인식하지 못하면, 삶은 외부 자극에 반응하며 살아가는 수동적 존재가 될 위험이 크다는 것이다. 그러나 반대로 이 습관을 인식하고 조금씩 수정해 나간다면, 우리는 더 나은 방향으로 성장할 수 있다. 듀이는 습관을 단순한 기계적 반응이 아니라 인간이 환경 속에서 자신을 구성해 나가는 창조적 도구라고 생각했다. 그래서 그는 한 인간의 성격과 품성은 반복되는 하루의 태도에서 만들어지는 것이라고 강조했다.

현대 심리학도 이와 같은 관점을 뒷받침한다. 듀크대 심리학과의 연구에 따르면, 인간의 일상 행동 중 약 40% 이상이 '의식하지 않은 습관'에 의해 자동으로 이루어진다고 한다. 그만큼 우리는 익숙한 방식대로 생각하고, 반응하고, 행동한다. 하지만 이 습관을 어떻게 활용하느냐에 따라 삶은 무기력한 반복이 될 수도 있고, 성장을 위한 의식적 훈련이 될 수도 있다. 듀이가 주목한 것은 바로 이 '의식의 유무'였다. 그는 "습관은 생각 없이 반복될 때는 굳어지고, 의식적으로 반복될 때는 성장으로 연결된다"라고 지적했다. 같은 행동도 어떤 태도로 반복하느냐에 따라 인격을 퇴보시키거나 발전시킬 수 있다는 것이다.

가령 매일 아침 일찍 일어나는 습관을 갖고 있는 사람이 있다고 하자. 단순히 알람이 울려서 습관적으로 일어난다면, 그것은 기능적 습관일 뿐이다. 하지만 아침 시간을 의미 있게 쓰겠다는 목적의식을 가지고 일어난다면, 그것은 인생의 구조를 바꾸는 힘이 된다. 이때 반복적인 행위는 의미 없는 기계적 루틴이 아니라 삶을 스스로 조율할 수 있는 기회가 될 수 있는 것이다. 실제로 많은 창작자와 예술가, 혁신가들이 습관의 힘을 강조한 것도 이러한 이유다.

세계적인 소설가 무라카미 하루키는 매일 같은 시간에 일어나 글을 쓰고, 달리고, 잠드는 생활을 철저히 유지하며 "루틴이 곧 나의 리듬이자 창조의 바탕"이라고 말했다. 그는 자신의 창작이 영감이나 감정의 흐름에서 비롯되는 것이 아니라 철저히 습관화된 규칙 속에서 완성된다고 강조해왔다.

하루키는 30대 초반, 도쿄에서 재즈바를 운영하다가 소설을 쓰기로 결심했고, 처음에는 밤마다 시간을 쪼개어 글을 썼다. 하지만 그는 전업 작가가 된 이후에 하루의 구조를 완전히 바꿨다. 매일 아침 4시에 일어나 5~6시간 동안 글을 쓰고, 오후에는 달리기나 수영으로 몸을 단련하고, 저녁에는 책을 읽거나 음악을 듣고 일찍 수면을 취한다. 그는 이렇게 하루 24시간의 흐름을 철저히 자신만의 루틴으로 조율한 결과 수십 년간 꾸준히 창작 활동을 이어가고 있다.

그는《달리기를 말할 때 내가 하고 싶은 이야기》에서 이렇게 말했다. "나는 나 자신을 매일 반복되는 작업에 노출시켜 일종의 정신적 리듬을 만들어낸다. 이 리듬이 무너지면 내 문장은 흐트러지고, 나는 내가 아니게 된다."

그에게 있어 '반복'은 단순한 습관이 아니라 자신의 정체성을 지켜주는 창조적 의식인 셈이다. 그는 글쓰기를 영감이 아닌 '근육처럼 단련되는 능력'이라고 말하며, 습관을 통해 감정을 통제하고, 상상력을 길러내며, 나아가 삶 전체를 조율할 수 있다고 강조했다. 하루키는 반복되는 하루를 통해 자신의 내면을 깊이 들여다보는 시간을 확보했고, 그 결과 깊은 상상력과 독창적인 세계관이 담긴 작품들을 세상에 내놓았다.

하루키의 삶은 지루해 보이는 일상의 반복이야말로 창조의 가장 강력한 에너지라는 사실을 보여준다. 그리고 그 반복이 내면화되었을 때 어떤 일에서든 꾸준함이라는 능력을 만들어낸다는 것을 알 수 있다.

그렇다면 우리는 어떻게 반복을 성장의 힘으로 바꿀 수 있을까?

첫째, 반복을 습관이 아닌 훈련으로 받아들이자.

같은 일을 매일 반복하더라도 의미를 부여하는 순간 그것은 성장이 된다. 아침 산책, 저녁 독서, 하루 10분의 명상이라도 나의 내면을 성장시키기 위한 시간이라는 자각을 가지고 실행하면, 반복은 삶의 균형을 잡아주는 축이 될 수 있다.

둘째, 좋은 습관 하나를 의도적으로 키워보자.

모든 것을 바꾸려 하기보다 작은 습관 하나를 정해 꾸준히 해보는 것이 중요하다. 매일 3줄 일기 쓰기, 출근 전 스트레칭 5분, 하루 한 문장 필사와 같은 소소하지만 명확한 습관을 꾸준히 하다 보면 그것이 삶에 긍정적인 영향을 미치게 된다.

셋째, 무의식적인 습관을 점검하자.

하루를 돌아보며 내가 무심코 반복하는 행동이 무엇인지 점검해보자. 의미 없이 SNS를 확인하는 습관, 부정적인 말을 자주 하는 습관 등 나도 모르게 삶의 질을 떨어뜨리는 습관들을 인식하는 것만으로도 변화가 시작된다. 습관은 고정된 것이 아니라 우리가 의식적으로 다듬을 수 있는 것이다. 삶은 특별한 사건으로만 구성되는 것이 아니다. 진짜 삶은 매일 반복되는 일상 속에서 형성된다. 우리가 어떤 습관을 가지고 있느냐는 우리가 어떤 인생을 만들어 가고 있느냐는 질문과 일맥상통한다.

존 듀이는 “우리는 습관의 존재이며, 습관은 인생의 성격을 결정짓는 방식이다”라고 말했다. 따라서 삶의 질을 높이고 싶다면, 매일의 반복적 습관을 돌아보자. 나의 반복적인 행위는 내 삶의 질을 높이는 데 기여하고 있는가?

한 줄 필사 ㅇ 존 듀이

습관은 우리의 두 번째 본성이다.
오늘의 반복이 내일의 나를 만든다.

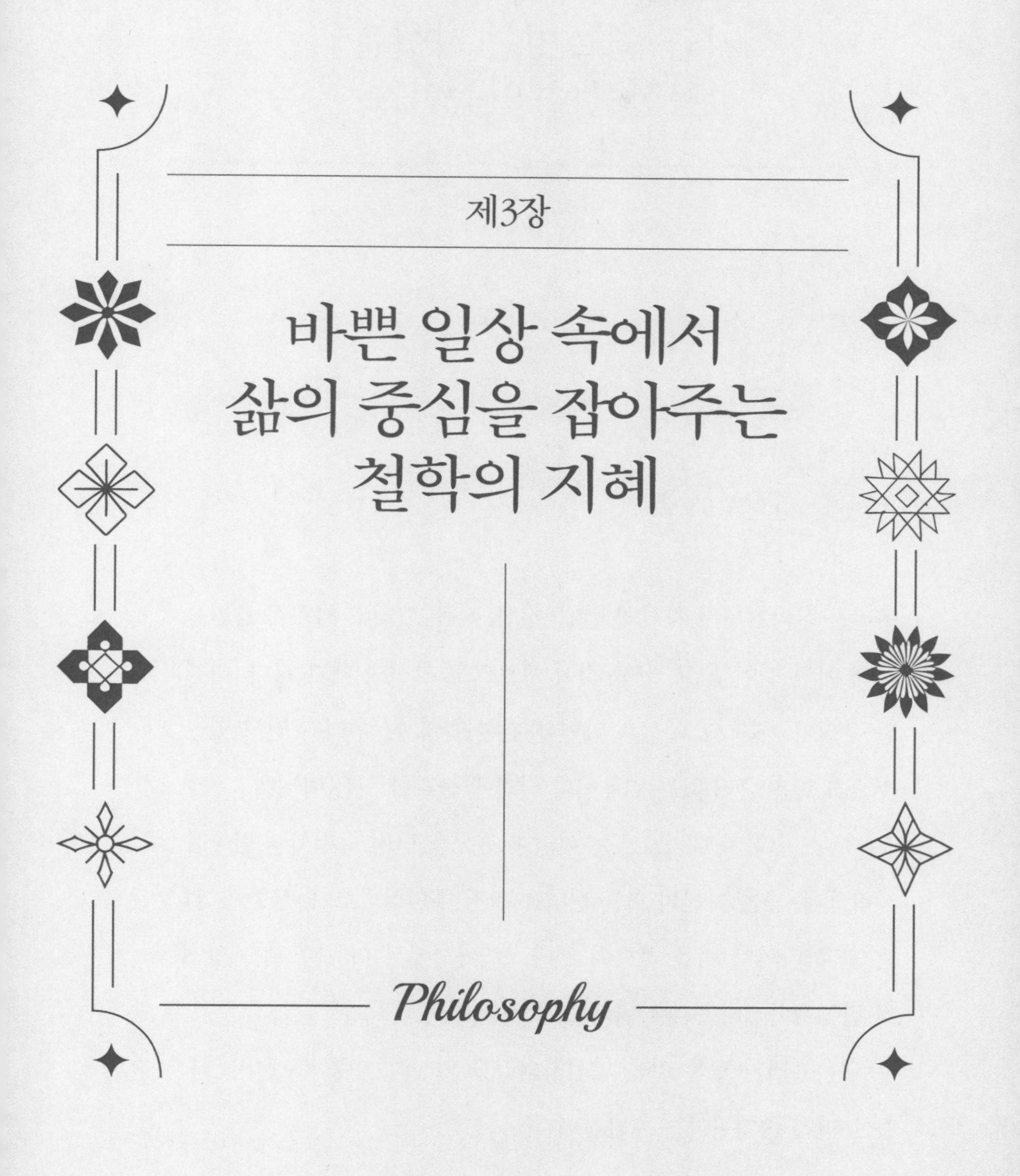

제3장

바쁜 일상 속에서 삶의 중심을 잡아주는 철학의 지혜

Philosophy

지금 믿고 있는 사실을 확신할 수 있는가?

"나는 생각한다, 고로 존재한다."

– 르네 데카르트, 《성찰》

우리는 살아가면서 자신의 신념, 경험, 직관, 그리고 사회적 통념을 통해 어떤 것이 옳고, 어떤 것이 그르다고 확신할 때가 많다. 하지만 우리가 가진 그 확신은 과연 온전한 것일까? 우리가 믿고 있는 것들이 실은 근거 없는 믿음이나 편견에 불과한 것은 아닐까?

프랑스 철학자 데카르트는 이러한 질문을 던지며 철학적 탐구를 시작했다. 그는 자신의 모든 신념을 철저히 의심하고, 의심할 수 없는 단 하나의 진리를 찾으려 했다. 그 과정에서 다음과 같은 명제가 탄생했다. "나는 생각한다, 고로 존재한다."

이는 우리가 모든 것을 의심하더라도 의심하는 주체로서의 '나'는 분명히 존재한다는 깨달음이다.

데카르트의 철학은 우리가 일상에서 마주하는 불확실성을 다루는 데에도 중요한 의미를 지닌다. 우리는 하루에도 수없이 쏟아져 나오는 정보의 홍수 속에서 살고 있다. 우리는 뉴스, SNS, 전문가의 의견을 접하며 진실을 판단하려 하지만, 과연 우리가 알고 있는 것들이 모두 사실인지는 확인하기가 쉽지 않다. 인터넷에는 가짜 뉴스가 범람하고, 기업과 정치인은 여론을 조작하며, 심지어 우리가 믿어온 상식들조차 시대에 따라 변하곤 한다.

이럴 때 우리는 어떻게 해야 할까? 믿고 지나갈 것인가, 아니면 끊임없이 질문을 던질 것인가? 데카르트는 의심이야말로 확신의 시작이 될 수 있다고 지적했다.

데카르트의 방법적 회의는 모든 것을 철저히 의심하는 사고방식이다. 그는 감각이 종종 우리를 속일 수 있으며, 기존의 권위나 전통적 믿음이 진실을 보장하지 않는다고 보았다. 심지어 우리가 지금 깨어 있다고 확신하는 것도 꿈속에서 꾸는 환상일 수 있다고 주장했다.

이러한 극단적인 회의가 결코 회의주의는 아니다. 데카르트는 무조건적으로 모든 것을 부정하려 한 것이 아니라 확실한 진리에 도달하기 위한 필터로써 의심을 활용했다. 그리고 그 과정에서 도출된 것이 바로 "나는 생각한다, 고로 존재한다"라는 명제였다.

우리는 일반적으로 '진실'이라고 믿는 것들에 대해 의문을 품지 않는다. 과거에 형성된 신념이 변함없이 유효하다고 생각하며, 익숙한 정보에 쉽게 동조한다. 하지만 새로운 관점에서 보면 기존의 확신이 단순한 오해였음을 깨닫게 될 때가 많다. 과거에는 '지구가 평평하다'는 것이 상식이었고, '피를 뽑으면 병이 낫는다'는 의학적 믿음이 널리 퍼져 있었다. 그러나 과학적 탐구와 비판적 사고 덕분에 이러한 오류들은 바로잡히고 수정되었다.

만약 우리가 아무것도 의심하지 않는다면, 우리는 잘못된 정보 속에서 살아갈 위험이 크다. 가짜뉴스에 현혹되거나, 선입견과 편견으로 판단할 수도 있다. 하버드 대학교의 연구에 따르면, 사람들이 첫 번째로 접한 정보가 사실 여부와 관계없이 신뢰도를 높이는 경향이 있다고 한다. 이른바 '정박효과(Anchoring Effect)'다. 다시 말해, 우리는 처음 들은 정보에 쉽게 영향을 받고, 이후에는 그 정보를 검증하기보다 강화하려고 하는 경향이 있다.

따라서 데카르트가 말하는 의심의 태도는 모든 것을 불신하는 것이 아니라 우리가 확신하는 것들이 진정한 근거를 가지고 있는지를 스스로 검토하는 과정이라고 할 수 있다.

데카르트의 철학은 우리가 더 나은 사고방식을 갖고, 불확실한 세상에서 확신을 얻기 위해 어떻게 해야 하는지에 대한 중요한 가르침을 주고 있다. 우리는 그의 철학을 다음과 같이 삶에 적용해볼 수 있다.

첫째, 모든 정보를 그대로 받아들이지 말고 한 번 더 검토하자.

우리는 하루에도 수많은 정보를 접하며 살아간다. 뉴스, 광고, 전문가의 의견, 소셜미디어에서 본 게시글 등 수많은 정보 속에서 그것이 사실인지 검증하는 습관을 길러야 한다. 정보를 접할 때, '이것이 사실일까?'라는 질문을 던지는 것만으로도 우리는 보다 신중한 판단을 내릴 수 있다. 공자는 "많은 사람이 그를 미워하더라도 반드시 살펴보고, 많은 사람이 그를 좋아하더라도 반드시 살펴보아야 한다"라고 말했다. 선동과 여론에 휩쓸리지 말고 스스로 생각하고 판단하라는 의미다.

둘째, 자신의 신념을 점검하자.

우리는 종종 내가 옳다고 생각하는 것들을 맹신한다. 하지만 우리가 알고 있는 것이 과연 충분한 근거를 갖추고 있는지 생각해볼 필요가 있다. 우리는 과거의 경험을 통해 무언가를 학습하지만, 경험 자체가 왜곡될 수도 있다. 따라서 자신의 신념이 어디에서 비롯되었으며, 그것이 여전히 유효한지를 점검하는 과정이 필요하다.

셋째, 반대 의견을 열린 마음으로 듣자.

우리는 본능적으로 자신의 의견을 강화하는 정보만을 수용하는 성향을 가지고 있다. 이것을 '확증편향(Confirmation Bias)'이라고 한다. 하지만 진정한 확신은 자신의 의견과 반대되는 입장도 충분히 검토한 후에야 가질 수 있다. 예를 들면, 정치적 이슈나 사회적 논쟁 속에서 자신의 입장과 정반대되는 글들을 읽고, 그것이 어떤 논리를 갖고 있는지 분석하는 습관을 길러보자.

데카르트는 의심하는 것을 두려워하지 말라고 말했다. 우리는 불확실성을 피하려 하지만, 불확실성을 점검하는 과정을 통해 더 깊은 확신을 얻을 수 있다.

역사적으로 위대한 사상가와 혁신가들은 기존의 믿음에 의문을 제기했던 사람들이다. 갈릴레이는 '모든 천체는 지구를 중심으로 회전한다'는 믿음에 도전했고, 다윈은 '모든 생명체는 신이 창조한 것'이라는 당시의 통념에 의심을 품으며 진화론을 발전시켰다.

그리고 현대에도 혁신적인 기업가들은 기존의 비즈니스 모델을 의심하며 새로운 방식을 창조하고 있다. 일론 머스크는 자동차 산업이 내연기관 중심이라는 고정관념을 깨고 전기차가 주류가 될 수 있다는 가능성을 믿었다. 초기에는 전기차는 느리고 비싸며 대중화될 수 없다는 회의적인 시선이 많았지만, 머스크는 테슬라를 통해 기술과 디자인, 인프라를 결합해 전기차 산업의 판도를 바꾸었다. 또한 민간 기업이 우주 산업에 진입하는 것은 불가능하다는 통념에 도전하며 스페이스X를 통해 민간 로켓 발사와 우주여행이라는 새로운 장을 열었다. 이처럼 의문을 품는 것에서 혁신이 시작되고, 익숙한 틀을 벗어나는 용기에서 역사가 다시 쓰이게 된다.

우리가 의심을 두려워하는 이유는 확신이 주는 안정감 때문이다. 하지만 진정한 확신은 맹목적인 믿음에서 오지 않는다. 그것은 충분한 의심과 검토를 거친 뒤에야 더 깊고 탄탄한 신념으로 자리 잡는다.

"나는 생각한다, 고로 존재한다." 데카르트가 남긴 이 사유는 우리가 진정한 앎에 도달하기 위해 거쳐야 할 과정, 즉 끊임없는 질문과 성찰의 중요성을 상기시키는 메시지다.

확신하고 있는가? 그렇다면 한 번 더 의심해보자. 그것이 곧 더 깊은 확신의 시작이 될 것이다.

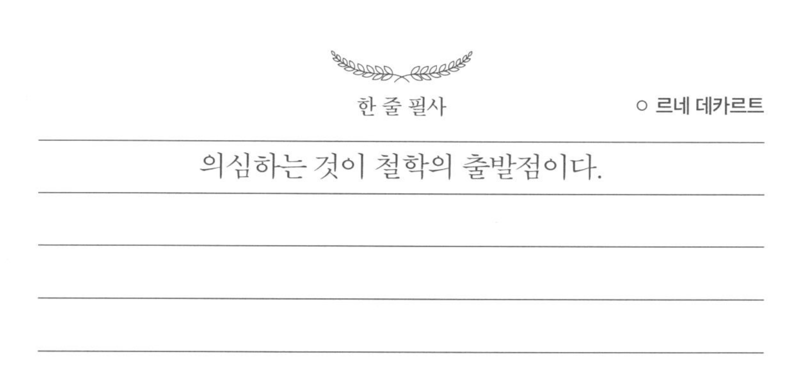

인간은 사회적 동물 이전에 이기적 존재다

"인간은 인간에게 늑대다."

– 토마스 홉스, 《리바이어던》

우리는 살아가면서 끊임없이 타인과 관계를 맺고 소통한다. 가족, 친구, 직장동료, 낯선 사람과의 만남 속에서 우리는 서로를 이해하려고 하지만, 예상치 못한 갈등과 오해를 경험하곤 한다. '왜 저 사람은 저렇게 행동할까?' '어떻게 저런 생각을 할 수 있지?'와 같은 의문이 들 때, 우리는 상대를 이해하지 못하고 있다는 사실을 깨닫는다.

영국의 철학자 토마스 홉스는 《리바이어던》에서 인간 본성에 대한 냉정한 통찰을 제시했다. 그는 인간은 본래 이기적인 존재이며, 자신의 이익을 우선한다고 보았다. 흔히 인용되는 '인간은 인간에게 늑대다'라는 그의 명제는 인간이 서로를 경계하고 경쟁하며 살아갈 수밖에 없는 존재임을 나타낸다.

하지만 홉스의 철학이 '인간은 이기적이다'라는 냉소적 주장에 그치는 것은 아니다. 그는 인간이 타인과 협력하고, 더 나은 사회를 만들기 위해 이해하고 공존하는 방법을 찾아야 한다고 역설했다. 그렇다면 우리는 타인을 어떻게 이해할 수 있을까? 타인이 나와 다름을 인정하는 것만으로 충분할까? 우리는 홉스의 철학을 통해 타인에 대한 이해라는 문제를 깊이 있게 탐구해볼 수 있다.

홉스는 인간사회를 자연상태에 놓아두면 각자가 자신의 생존과 이익을 위해 행동하기 때문에 필연적으로 충돌이 발생한다고 보았다. 인간은 불안정한 환경 속에서 자신의 안전과 이익을 지키기 위해 타인을 경계할 수밖에 없다. 이러한 본능적인 방어기제는 우리가 서로를 이해하는 것을 가로막는다.

현대사회에서도 이러한 본능은 여전히 존재한다. 우리는 종종 타인의 행동을 오해하고, 자신의 관점으로만 해석하게 된다. 심리학에서는 이를 '기본적 귀인 오류(Fundamental Attribution Error)'라고 부른다. 이는 타인의 행동은 그 사람의 성격이나 태도 때문이라고 단정짓는 반면, 자신의 행동은 상황이나 환경 탓으로 돌리는 인지적 편향을 말한다.

일례로, 누군가 나에게 차갑게 대하면 '저 사람은 원래 불친절해'라고 판단하지만, 내가 누군가에게 차갑게 행동할 때는 '오늘 내가 너무 피곤해서 그래'라고 합리화한다. 이런 인지적 오류는 우리가 타인을 객관적으로 이해하는 것을 방해한다.

또한 '확증편향'은 우리가 이미 가진 신념을 강화하는 정보만을 선택적으로 받아들이도록 만든다. 즉, 우리는 상대를 있는 그대로 보기보다 이미 형성된 자신의 인식과 편견의 렌즈를 통해서 바라보는 것이다.

이러한 인지적 오류들이 서로 간의 이해를 가로막는 방해물로 작용한다. 하지만 홉스는 인간이 본능적으로 자기중심적일 수밖에 없음을 인정하면서도 이기적 본성을 극복하고 협력하는 방법을 찾아야 한다고 주장했다. 그는 타인을 이해하는 것은 단순히 감정적인 공감이 아니라 우리가 가진 인지적 한계를 자각하고 적극적으로 개선하려는 노력에서 시작된다고 보았다.

그렇다면 타인을 더 깊이 이해하기 위한 방법은 무엇일까?

첫째, 판단을 유보하고 상대의 입장에서 생각해보자.

우리는 보통 타인의 행동을 즉각적으로 평가하려는 경향이 있다. 하지만 진정한 이해는 빠른 판단을 멈추고 상대방의 입장에서 바라볼 때 가능해진다.

철학자 한나 아렌트는 "타인의 관점을 고려하는 것은 정치적 행위이며, 민주주의를 유지하는 필수요소"라고 말했다. 상대의 말과 행동을 단순히 '옳다, 그르다'로 평가하기보다 왜 그런 선택을 했는지 그 맥락을 살펴보는 습관이 필요하다.

둘째, 나와 다른 관점을 경험해보자.

사람은 자신이 경험한 것은 쉽게 이해할 수 있다. 따라서 타인을 더 깊이 이해하기 위해서는 다른 환경과 문화를 경험하려는 노력이 필요하다. 다양한 책을 읽고, 낯선 사람들과 이야기를 나누고, 새로운 장소를 방문해보는 것만으로도 우리는 더 폭넓은 시각을 가질 수 있다.

한 연구에 따르면, 다양한 문화를 경험한 사람일수록 공감능력이 높아지고, 열린사고를 하게 된다고 한다. 기업에서도 다양한 배경을 가진 직원들로 구성된 팀이 더 창의적인 결과를 만들어낸다는 연구결과가 있다.

셋째, 공감과 협력을 실천하자.

홉스는 인간이 본능적으로 자신의 이익을 추구한다고 보았지만, 동시에 사회적 계약을 통해 협력할 수 있다고 설명했다. 따라서 타인을 이해하기 위해서는 이해하려는 노력뿐만 아니라 함께 살아가기 위한 협력의 자세가 필요하다.

MIT 연구진은 사람들이 서로를 신뢰하고 협력할 때 옥시토신(Oxytocin)이라는 호르몬이 증가한다고 밝혔다. 이는 인간이 서로 협력할 때 긍정적인 감정을 느낀다는 생물학적 증거다. 결국 협력과 이해는 단순한 윤리적 행위가 아니라 인간이 사회적 동물로 진화해온 방식이라 할 수 있다.

또한 우리는 협력을 통해 더 좋은 결과물을 얻을 수 있다. 농구황제 마이클 조던은 “재능은 경기를 이길 수 있게 한다. 하지만 팀

워크와 이해력은 챔피언을 만들어낸다"라고 말했다. 이처럼 협력의 힘은 각자의 재능을 합친 것보다 훨씬 크다.

우리는 타인을 완벽하게 이해할 수 없을지도 모른다. 하지만 더 깊이 이해하려고 노력하는 태도는 관계를 변화시킬 수 있다. 타인을 이해하는 것은 결국 나 자신을 더 넓은 세계로 확장하는 과정이다.

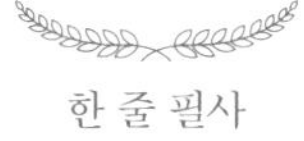

한 줄 필사

○ 토마스 홉스

우리는 서로를 이해하려 노력해야 한다.
그것이 바로 인간이 야만에서 벗어나는 길이다.

무엇을 기준으로 도덕적 선택을 해야 할까?

"네 의지의 준칙이 언제나 동시에 보편적 법칙이 될 수 있도록 행동하라."

– 임마누엘 칸트, 《실천이성비판》

우리는 살아가면서 수많은 윤리적 선택의 기로에 놓인다. 기부를 할지, 정직하게 행동할지, 타인을 도울지, 혹은 어떤 경우에는 거짓말을 해야 할지 고민하는 순간들이 찾아온다. 그렇다면 우리는 무엇을 기준으로 판단을 내려야 할까? 만약 윤리적 판단이 개인의 가치관이나 상황에 따라 달라진다면, 절대적인 도덕적 기준은 존재하는 것일까?

현대사회에서는 도덕적 기준이 더욱 복잡해져가고 있다. 과거에는 종교적 믿음이나 전통이 도덕적 기준을 결정하는 중요한 요소였다. 하지만 오늘날에는 문화, 사회적 합의, 개인적 신념 등이 윤리적 판단에 영향을 미친다. 그래서 같은 상황에서도 각자의 가치관에 따라 다른 결론을 내리게 된다.

독일 철학자 임마누엘 칸트는 이에 대한 명확한 원칙을 제시했다. 그는 "보편적 도덕법칙을 기준으로 행동해야 한다"고 주장하면서, 도덕적 판단은 개인적 이익이나 감정에 따라 달라져서는 안된다고 보았다. 즉, 우리가 어떤 행동을 선택할 때 그것이 모든 사람이 언제나 따라야 하는 보편적 원칙이 될 수 있는가를 고민해야 한다는 것이다. 이를 정언명령(Categorical Imperative)이라고 한다.

우리는 종종 도덕적 판단을 상황에 따라 다르게 적용한다. 어떤 경우에는 거짓말을 하거나 약속을 어기는 것이 더 나은 선택처럼 보이기도 한다. 그렇다면 도덕적 기준이란 상대적인 것일까, 아니면 절대적인 것일까?

칸트는 "도덕은 개인의 감정이나 상황에 의해 결정되어서는 안 된다"고 주장했다. 그는 우리가 도덕적 결정을 내릴 때 '보편적 법칙(Universal Law)'을 기준으로 삼아야 한다고 강조했다. 예를 들면, "거짓말을 해도 될까?"라는 질문을 던졌을 때, 그 행동이 "모든 사람이 언제나 거짓말을 해도 되는 것이 법칙이 될 수 있는가?"를 고민해야 한다는 것이다.

만약 모두가 거짓말을 한다면, 사회의 신뢰는 무너지고 거짓말 자체가 의미 없는 행위가 된다. 따라서 한 개인이 거짓말을 해도 된다고 결정하는 순간, 그 행동이 사회 전체의 보편적 법칙이 될 수 있는가를 먼저 고려해야 한다. 칸트의 논리는 윤리적 판단을 개인의 감정이 아니라 보편적 기준에 근거해야 한다는 점을 강조하고 있다.

하지만 현실에서는 도덕적 판단을 항상 명확하게 내릴 수 있는 것은 아니라는 문제가 있다. 현대 윤리학에서는 칸트의 보편적 도덕 원칙이 지나치게 엄격하다고 비판하기도 한다. 때로는 특정한 상황에서 거짓말을 하는 것이 더 윤리적일 수 있기 때문이다. 예를 들면, 생명을 보호하기 위해 거짓말을 해야 하는 상황이라면, 칸트의 원칙은 적용될 수 있을까?

이러한 논란에도 불구하고 칸트의 도덕철학의 의의는 우리가 윤리적 판단을 내릴 때 개인의 이익이 아닌 전체 사회와 보편적 원칙을 고려해야 한다는 점을 상기시켜 준다는 데 있다. 개개인의 도덕적 선택이 단순한 개인적 결정이 아니라 사회 전체에 영향을 미친다는 점에서 우리는 고민을 해볼 필요가 있다.

그런 점에서 공자의 극기복례도 같은 맥락으로 이해할 수 있다. 공자는 "자신의 욕심을 극복하고 예로 돌아가는 것이 인이다. 하루라도 자신을 극복해 예로 돌아가면 천하가 인으로 돌아갈 것이다"라고 말했다. 다시 말해, 나의 편의, 욕구, 욕망대로 행동하기에 앞서 그것이 타인에게 해가 되지 않는지 먼저 살펴보아야 한다는 의미다.

그런 점에서 도덕적 선택은 직관이나 감정으로 이루어지는 것이 아님을 알 수 있다. 우리는 도덕적 판단을 할 때 윤리적 기준을 바탕으로 신중한 결정을 내릴 필요가 있다. 그렇다면 우리는 어떤 방식으로 윤리적 판단을 할 수 있을까?

첫째, 나의 행동이 보편적 법칙이 될 수 있는가를 고민하자.

어떤 행동을 하기 전에 "만약 모든 사람이 나와 같은 방식으로 행동한다면 사회는 어떻게 될까?"를 자문해보자. 만약 내가 공공장소에서 쓰레기를 버린다면, 모든 사람이 같은 행동을 했을 때 사회가 어떻게 변할지를 생각하는 것이다. 칸트는 도덕적 판단이 특정 개인에게만 적용되는 것이 아니라 사회 전체의 원칙이 되어야 한다고 강조했다.

둘째, 순간적인 감정보다 장기적인 가치를 고려하자.

윤리적 선택을 할 때 순간적인 이익보다는 장기적인 가치를 고려해야 한다. 즉, 내게 유리한 선택이 아니라 장기적으로 사회와 타인에게도 옳은 선택이 무엇인지를 고민해야 한다. 순간적인 감정에 휩쓸려 잘못된 결정을 내리지 않도록 더 넓은 시각에서 판단하는 습관이 필요하다. 그리고 그러한 선택이 결과적으로 자신에게도 더 좋은 결과로 돌아오게 된다.

셋째, 타인을 수단이 아니라 목적으로 대하자.

칸트는 "인간을 수단으로 대하지 말고, 언제나 목적으로 대하라"고 말했다. 이는 타인을 이용하거나 조종하는 것이 아니라 상대방의 인격과 가치를 존중해야 한다는 의미다. 예를 들어, 누군가에게 도움을 요청할 때 자신의 목적을 달성하기 위해서가 아니라 상대방의 입장을 먼저 고려할 필요가 있다.

칸트의 철학은 도덕적 이상이 아니라 우리가 실제생활에서 윤리적 결정을 내릴 때 실질적인 기준을 제공한다. 우리는 윤리적 판단을 할 때 자신의 이익과 감정에 따르기보다 더 깊은 가치와 원칙을 고민할 필요가 있다.

사실 현실에서는 그러한 선택이 어려울 때가 훨씬 많다. 때로는 상황에 따라 다른 판단이 필요할 수도 있다. 그러나 중요한 점은 우리가 윤리적 기준을 스스로 고민하고, 그 기준을 지키려는 노력을 기울이는 자세가 개인에게는 더 나은 결과를 가져오고 또 공동체를 위해 더 나은 세상을 만들어갈 수 있다는 것이다.

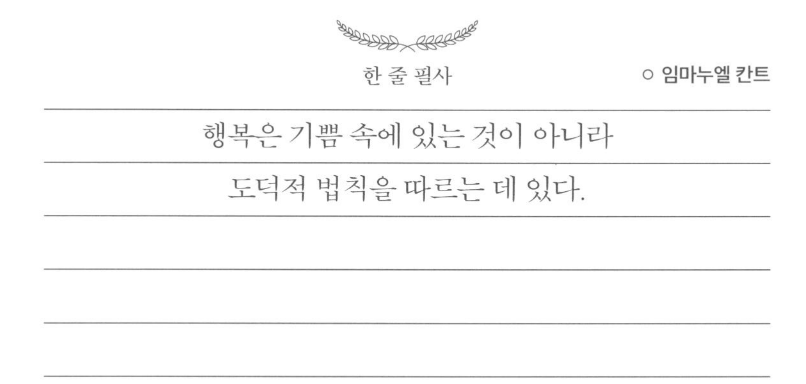

철학은
본질의 발견을 향한 항해다

"만물의 근원은 물이다."

– 탈레스, 〈단편들〉

우리는 누구나 한 번쯤 '삶의 본질'에 대해 고민하는 순간을 맞닥뜨린다. 삶이란 무엇인가? 나는 왜 존재하는가? 어떻게 살아야 하는가? 이러한 질문들은 철학이 시작된 이래로 인간이 끊임없이 던져온 근본적인 물음이다.

고대 그리스 철학자 탈레스는 서양철학의 기원으로 불리는 인물이다. 그는 신화적 사고에서 벗어나 자연 속에서 세상의 근원을 탐구했다. 그의 가장 유명한 주장 중 하나는 "만물의 근원은 물이다"라는 명제다. 현대의 관점에서 보면 마치 자연철학적 주장처럼 들릴 수 있지만, 이 문장은 인간이 세계를 이해하는 방식을 근본적으로 바꾼 중요한 통찰을 담고 있다.

탈레스가 말한 '물'은 물리적 요소를 의미하는 것이 아니라 삶을 구성하는 근원적인 본질을 상징한다. 즉, 모든 존재는 어떤 기본적인 원리에서 비롯되며, 이를 탐구하는 것이야말로 삶의 의미를 찾는 과정이라는 것이다. 그렇다면 우리는 어떻게 우리의 삶에서 본질적인 것을 발견할 수 있을까? 그리고 삶의 근본을 고민하는 것은 우리에게 어떤 의미가 있을까?

탈레스는 세상의 본질을 이해하기 위해 자연을 관찰했고, 논리적 사고를 통해 해석하려고 했다. 이는 인류 역사에서 신화적 설명에서 벗어나 이성적 탐구를 통한 깨달음을 강조한 첫 번째 시도였다. 그가 주장한 '물'은 단순한 액체가 아니라 모든 생명이 의존하는 필수적인 요소이자 끊임없이 변화하며 순환하는 존재다. 이를 통해 탈레스는 세상이 하나의 근본적인 원리에 의해 유지된다는 개념을 제시했다.

그러나 우리는 살다 보면 본질적인 것을 잊고 살아가게 된다. 우리는 바쁜 일상과 사회의 기대 속에서 눈앞에 쌓여 있는 일에 매이다보면 삶의 의미를 깊이 고민하기보다는 주어진 목표를 달성하는 데 집중하며 살아간다. 직장과 학업, 인간관계 속에서 끊임없이 무언가를 이루어야 한다는 압박을 받으며 우리는 점점 삶의 본질과 멀어지게 된다.

철학자 마르틴 하이데거는 이러한 삶의 상태를 '비본래성(inauthenticity)'이라고 설명했다. 그는 우리가 타인의 기대와 사회적 역할에 따라 살아갈 때, 본래의 자아를 잃어버릴 수 있다고 보았다. 우리는 어릴 때부터 부모와 사회가 정의하는 '성공적인 삶'의 틀 속에서 살아가도록 교육받으며, 이에 적응하면서 점차 자신이 정말로 원하는 것이 무엇인지 고민하지 않게 된다.

이러한 상태에서 벗어나 삶의 본질을 찾기 위해서는 무엇보다 자신의 존재를 다시 돌아보는 과정이 필요하다. 내가 살아가는 이유는 무엇인지, 지금의 선택이 진정으로 내가 원하는 방향인지, 그리고 내 삶에서 가장 중요한 것은 무엇인지에 대해 질문을 던지는 것이 그 첫걸음이다. 탈레스가 물을 통해 근본적인 원리를 찾으려 했듯이, 우리도 우리의 삶을 이루는 가장 중요한 가치를 탐구함으로써 삶의 본질을 생각해볼 필요가 있다.

그렇다면 삶의 본질을 찾기 위한 방법은 무엇일까?

첫째, 근원적인 질문을 던지자.

탈레스는 "만물의 근원은 무엇인가?"라는 질문을 던졌고, 이를 통해 철학적 사고의 기반을 마련했다. 우리는 일상 속에서 "어떻게 살아야 하는가?"에 대한 질문을 던지지만, "왜 살아가는가?", "무엇이 나를 존재하게 하는가?"와 같은 근본적인 질문을 던지는 일은 많지 않다.

자신의 삶에서 진정으로 중요한 것이 무엇인지 알고 싶다면, 가장 근본적인 질문을 스스로에게 던져보아야 한다. 우리가 당연하게 여겼던 것들에 의문을 갖는 순간, 삶의 본질에 한 걸음 더 가까이 다가갈 수 있다.

소크라테스는 "너 자신을 알라"라고 말하며 인간이 스스로에 대한 탐구를 멈추지 않아야 한다고 강조했다. 하지만 우리는 종종 이러한 질문을 던지는 것을 두려워한다. 왜냐하면 근원적인 질문을 하면 할수록 기존에 믿고 있던 것들이 흔들릴 수 있기 때문이다. 그러나 삶을 깊이 이해하기 위해서는 익숙한 삶에 의문을 던지고 더 근본적인 차원에서 자신을 탐색하는 과정이 필요하다.

둘째, 본질적인 것에 집중하자.

우리는 끊임없이 새로운 자극과 정보 속에서 살아간다. SNS와 뉴스, 광고, 그리고 사회적 기대는 우리가 무엇을 원해야 하는지를 끊임없이 규정하려 한다. 하지만 탈레스가 강조한 것은 본질적인 것에 집중하는 태도였다. 삶의 근원을 탐구한다는 것은 삶의 중요한 요소를 간결하게 바라보는 능력을 기르는 것이다.

미니멀리즘을 실천하는 사람들은 물질적인 소비를 줄이고 본질적인 가치에 집중하려고 한다. 현대사회에서 우리는 불필요한 정보와 선택지의 홍수 속에서 살아간다. 하지만 삶의 본질을 찾으려면 무엇을 더할 것인가가 아니라 무엇을 덜어낼 것인가를 고민해야 한다. 삶에서 정말 중요한 것이 무엇인지 깨닫는 순간, 우리는 불필요한 것들에 휘둘리지 않고 더 큰 충족감을 얻을 수 있다.

셋째, 자연과 세계를 관찰하자.

탈레스는 자연 속에서 만물의 근원을 찾았다. 그는 바다와 하늘,

별을 바라보며 세상의 질서를 이해하려 했다. 노자의 철학 또한 자연의 질서에서 만물의 근원을 탐구했다. 《노자》〈제25장〉에는 다음과 같은 내용이 나온다. "사람은 땅을 본받고, 땅은 하늘을 본받으며, 하늘은 도를 본받고, 도는 자연을 본받는다."

그러나 현대인들은 자연과 동떨어진 삶을 살고 있다. 더욱이 자연을 크게 훼손함으로써 갖가지 문제에 직면하고 있다. 우리는 자연을 바라보는 것을 통해 휴식을 얻을 수 있을 뿐만 아니라 자연의 순환하는 모습을 통해 삶의 본질을 깨달을 수 있다.

하버드 대학의 한 연구에 따르면, 자연 속에서 시간을 보내는 것이 인간의 사고방식과 감정에 긍정적인 영향을 미친다고 한다. 숲 속을 거닐거나, 하늘을 바라보며 깊이 있는 사유를 하는 시간은 우리를 더 본질적인 세계로 이끌어준다.

우리는 살다보면 삶의 본질에 대해 고민하는 순간이 온다. 그 답은 누군가가 찾아주는 것이 아니다. 탈레스가 물을 통해 세상을 이해하려 했듯이, 우리는 각자의 방식으로 자신의 삶의 의미를 찾아가야 한다.

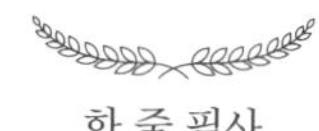

한 줄 필사

○ 탈레스

무엇이든 본질을 탐구하라.

그러면 너 자신을 발견하게 될 것이다.

존재를 지탱하는 가장 중요한 힘은 눈에 보이지 않는다

"모든 것은 원자로 이루어져 있으며, 공(空)도 실재한다."

– 데모크리토스, 〈단편들〉

우리는 보고, 듣고, 만질 수 있는 것들이 현실이며, 그것이 우리 삶을 구성하는 요소라고 생각한다. 그렇다면 이 세상은 우리가 인식하는 것이 전부일까?

고대 그리스 철학자 데모크리토스는 우리가 볼 수 없는 것들이 세상을 이루고 있다고 주장했다. 그는 만물의 본질을 탐구하며 "세상의 모든 것은 원자로 이루어져 있다"고 당시로서는 혁신적인 사상을 펼쳤다. 우리가 감각적으로 인식하는 것들은 원자들의 조합일 뿐이며, 원자는 너무 작아 직접 볼 수 없지만, 그것이야말로 실재하는 세계의 기본 단위라고 말했다.

이 사상은 물리적 설명을 넘어 우리가 세계를 바라보는 방식에도 중요한 인사이트를 제공한다. 우리는 보이는 것에만 의존해 판단하고, 보이지 않는 것들의 가치를 간과할 때가 많다. 그러나 세상을 움직이는 중요한 원리들은 눈에 보이지 않는 곳에서 작용하고 있다.

우리는 공기의 존재를 직접 보지 못하지만, 숨을 쉴 때마다 그것을 경험하고 있다. 중력 역시 눈에 보이지 않지만, 우리를 땅에 붙잡아 두고 있으며, 태양이 떠오르고 지는 질서를 만들어낸다. 이처럼 어떤 존재가 보이지 않는다고 해서 실재하지 않는 것은 아니다. 어떤 것은 오히려 우리가 사는 세계를 움직이는 가장 근본적인 힘이기도 하다.

하지만 우리는 물질적인 것들에 가치를 두는 경향이 있다. 눈에 보이는 돈, 명예, 성취 같은 것들이 삶에서 가장 중요하다고 믿는다. 하지만 우리가 진정으로 의지하는 것은 보이지 않는 것들일 때가 많다.

우리는 사랑을 직접 볼 수는 없다. 사랑은 특정한 색깔이나 형태를 가지지 않지만, 우리는 그것을 강하게 느낄 수 있다. 마찬가지로 신뢰나 희망, 우정 같은 것들도 형태가 없는 개념이지만, 우리의 삶에 깊은 영향을 미친다. 보이지 않지만 존재하는 것들, 그것이야말로 인간관계를 형성하고, 사회를 유지하며, 개인의 삶을 의미 있게 만든다.

역사적으로도 보이지 않는 개념들은 사회를 변화시켜왔다. 자유,

평등, 정의와 같은 가치들은 물리적으로 존재하지 않지만, 그것들은 인간의 삶을 변화시키고 혁명과 발전을 이끌어냈다. 미국 독립선언문에 적힌 "모든 인간은 평등하게 창조되었다"는 문장은 글자에 불과했지만, 그것이 가진 보이지 않는 힘은 수많은 사람들을 움직이고 역사를 바꾸었다.

과학 또한 보이지 않는 것들을 연구하며 발전해왔다. 19세기까지만 해도 공기는 보이지 않는다고 해서 중요하게 여겨지지 않았다. 하지만 과학자들은 공기가 특정한 분자로 구성되어 있으며, 우리가 숨 쉬는 데 필수적인 요소라는 사실을 밝혀냈다. DNA 역시 마찬가지다. 우리는 유전자를 직접 볼 수는 없지만, 그것이 실제로 모든 생명체의 설계도를 결정하고 있다.

이처럼 우리의 감각이 미치지 못하는 것들이 오히려 삶을 움직이는 핵심 원리가 될 수 있다. 데모크리토스가 말한 원자처럼 보이지 않는 것들을 이해하려는 태도는 우리 삶을 더욱 깊이 있고 풍요롭게 한다.

우리가 감각적으로 인식하지 못하는 것들이 현실을 이루고 있다면, 우리는 어떻게 그것을 발견할 수 있을까? 보이지 않는 것들을 이해하기 위해서는 감각에 의존하는 것을 넘어서서 사고의 힘이 필요하다.

첫째, 감각을 넘어 논리를 활용하자.

데모크리토스는 원자의 존재를 논리적 사고를 통해 발견해냈다.

그는 "만약 모든 것이 분해될 수 있다면, 결국 더 이상 나눌 수 없는 최소 단위가 존재해야 한다"라고 주장하며 원자의 개념을 정립했다.

우리도 세상을 이해할 때, 단순히 보이는 것에 의존하기보다 논리적으로 사고하는 습관을 가져보자. 가짜뉴스나 편향된 정보가 넘쳐나는 시대에 우리가 감각적으로 확인한 것만 믿는다면 쉽게 속아 넘어가게 된다. 눈에 보이는 것이 진실이 아닐 수도 있다는 사실을 항상 염두에 두고, 이성적 사고를 통해 더 깊이 있는 판단을 내리는 것이 중요하다.

둘째, 경험을 통해 보이지 않는 것들을 체험하자.

우리는 보이지 않는 것들을 경험함으로써 그 존재를 확신할 수 있다. 예를 들면, 공기의 존재는 직접 보이지 않지만, 바람이 불 때 우리는 그것을 체감할 수 있다. 마찬가지로 신뢰는 눈에 보이지 않지만, 오랜 관계 속에서 점진적으로 형성된다.

데모크리토스는 우리가 단순히 감각으로 세상을 이해하는 것이 아니라 경험을 통해 더 깊은 원리를 깨닫는 과정이 필요하다고 보았다. 인생에서 가장 중요한 것들은 체험 속에서 그 진가를 발휘하는 경우가 많다.

셋째, 보이지 않는 것에 가치를 두자.

우리는 살아가면서 자주 보이는 것들에 집착한다. 화려한 겉모습, 숫자로 표현되는 성과, 즉각적인 보상 등이 중요하다고 느낄 수 있다. 하지만 장기적으로 보면, 우리가 진정으로 의지하는 것들은 보이지 않는 것들이다.

가족과 친구의 애정, 스스로에 대한 신뢰, 삶의 의미 같은 것들은 돈으로 살 수도 없고, 물리적으로 측정할 수도 없다. 하지만 이러한 보이지 않는 것들이 우리의 삶을 지탱하는 가장 중요한 요소가 된다. 데모크리토스의 사상이 현대에도 여전히 의미가 있는 이유는 우리가 보이지 않는 것들 속에서 삶의 본질적인 가치를 발견하도록 이끌기 때문이다.

데모크리토스가 원자론을 주장했던 시절, 그의 사상은 받아들여지기 어려운 개념이었다. 당시 사람들은 눈에 보이는 것이 전부라고 믿었기 때문이다. 하지만 시간이 지나면서 그의 사상은 과학적으로 증명되었고, 원자의 개념은 현대물리학의 기초가 되었다.

데모크리토스는 지금의 우리에게 이러한 질문을 던지고 있다. 당신은 무엇을 믿으며 살아가는가? 당신의 가치관은 눈에 보이는 것에만 의존하고 있지는 않은가?

생택쥐페리의 《어린 왕자》에서는 이렇게 말한다. "무엇이든지 마음의 눈으로 볼 때 가장 잘 볼 수 있다. 가장 중요한 것은 눈에 보이지 않기 때문이다."

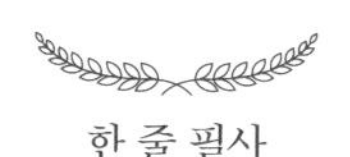

한 줄 필사

○ 데모크리토스

보이지 않는 것을 이해하는 순간,

우리는 더 넓은 세계를 볼 수 있다.

숫자는 인간과 자연의 원리를 탐구하는 강력한 도구다

"만물은 숫자로 이루어져 있다."

– 피타고라스, 〈피타고라스 학파의 교의〉

이 세상을 보면 크고 작은 질서들이 존재한다. 아침이면 태양이 떠오르고, 저녁이 되면 달이 뜬다. 계절은 정해진 주기에 따라 변하며, 강물은 높은 곳에서 낮은 곳으로 흐른다. 이러한 자연의 질서는 결코 우연의 산물이 아니다. 세상은 인간이 존재하기 훨씬 전부터 일정한 원리에 따라 움직여왔다.

그렇다면 이 질서를 만들어내는 근본적인 원리는 무엇일까? 무엇이 우주의 조화를 유지하게 만드는 것일까?

고대 그리스 철학자 피타고라스는 이에 대한 답을 숫자에서 찾았다. 그는 "만물은 숫자로 이루어져 있다"라는 혁신적인 사상을 제시하며, 숫자가 단지 계산의 도구가 아니라 우주를 설명하는 근본적인 원리라고 주장했다. 그는 자연의 패턴과 조화가 수학적 비율과 규칙 속에서 나타난다는 사실을 깨달았고, 이를 통해 우주의 본질을 이해하려 했다.

피타고라스는 숫자가 세상을 구성하는 보이지 않는 질서라고 생각했다. 그의 사상은 수학적 원리를 넘어서 우리가 현실을 바라보는 방식 자체를 변화시켰다. 그렇다면 피타고라스가 발견한 숫자의 질서는 무엇이며, 우리는 그것을 어떻게 이해할 수 있을까?

우리는 일상에서 끊임없이 숫자와 마주한다. 시계를 보며 시간을 확인하고, 날씨예보에서 기온을 확인하고, 돈을 계산하며, 거리를 측정한다. 하지만 대부분의 사람이 숫자를 계산을 위한 기호로 여길 뿐 그것이 우주의 본질을 설명할 수 있는 언어라는 점을 잘 알지 못한다.

자연을 깊이 들여다보면, 숫자가 세상을 이루는 근본적인 법칙임을 알 수 있다. 황금비(1.618)는 해바라기의 씨앗 배열, 소라 껍데기, 나뭇잎의 구조 등 다양한 생명체의 형태에서 반복적으로 나타난다. 또 피보나치수열은 자연 속에서 끊임없이 등장한다. 은하가 나선형으로 형성되는 패턴, 태풍의 형태 등에서 이 숫자 패턴을 찾아볼 수 있다.

또한 피타고라스는 "음악도 수학적인 원리를 따른다"라고 주장하며, 소리가 조화를 이루는 이유가 일정한 숫자 비율을 따르기 때문임을 증명했다. 우리가 듣는 음계(도레미파솔라시도)는 수학적으로 정의된 주파수 비율에 기반한다.

그리고 우주의 움직임도 수학적 질서를 따른다. 지구와 태양의 공전주기, 행성의 궤도, 중력의 작용 이 모든 것은 정교한 수학적 관계 속에서 존재한다. 뉴턴이 만유인력의 법칙을 발견하고, 아인슈타인이 상대성 이론을 수립한 것도 결국 수학이라는 언어를 통해 우주의 질서를 설명하는 것이다.

피타고라스는 이러한 사실을 누구보다 먼저 깨달았다. 그는 숫자가 세상을 설명하는 언어이자 질서 자체라는 점을 주장했다. 우리가 눈으로 직접 볼 수는 없지만, 모든 존재는 숫자로 설명될 수 있으며, 그 속에는 깊은 조화와 질서가 숨겨져 있다고 말했다.

그는 다음과 같은 원칙을 통해 숫자가 현실을 구성하는 방식을 탐구했다.

첫째, 모든 존재는 수의 관계 속에서 조화를 이룬다.

피타고라스는 자연의 모든 존재가 일정한 수학적 패턴을 따른다고 생각했다. 그는 삼각형, 원, 정사각형 등 기하학적 도형이 단순한 그림이 아니라 세상을 구성하는 기본적인 원형이라고 보았다.

예를 들면, 벌집의 육각형 구조는 공간을 가장 효율적으로 활용하는 도형이며, 이는 자연이 수학적 질서를 따르고 있음을 보여준다. 또 나무의 가지가 뻗어나가는 방식이나 강의 흐름이 일정한 수학적 패턴을 따른다는 것도 이러한 이론을 뒷받침한다.

둘째, 숫자는 보이지 않는 세계의 본질을 드러낸다.

우리는 현실에서 사물을 볼 수 있지만, 그 본질을 구성하는 숫자는 직접적으로 보이지 않는다. 그러나 물리학과 수학을 통해 보이지 않는 세계를 이해할 수 있다.

뉴턴이 발견한 만유인력의 법칙은 사과가 땅으로 떨어지는 이유를 수학적으로 설명해준다. 아인슈타인의 상대성 이론 역시 시간과 공간의 개념을 숫자로 정의한다. 우리가 경험하는 현실은 수학적 법칙 속에서 움직이며, 숫자는 이 모든 것을 설명하는 언어라고 할 수 있다. 아리스토텔레스는 "수학은 질서정연한 생각의 가장 확실한 형태다"라고 말했다.

셋째, 인간의 사고방식도 숫자의 영향을 받는다.

우리는 숫자를 통해 사고하고 판단한다. 예를 들어 사람들은 종종 '인생의 3가지 원칙', '성공의 7가지 법칙'과 같은 형태로 개념을 정리한다. 그리고 그렇게 정리가 될 때 우리는 어떠한 사실을 더 쉽게 이해하고 받아들이게 된다. 이러한 숫자의 사용은 편의성을 넘어 인간의 사고방식이 숫자의 구조적 사고를 반영한다는 점을 보여준다.

심리학 연구에 따르면, 사람들은 특정 숫자 패턴에 익숙해져 있으며, 숫자가 가지는 질서 속에서 안정감을 느낀다고 한다. 우리가 숫자를 통해 패턴을 인식하고, 규칙을 찾으며, 논리적으로 사고하는 것은 우주가 숫자로 이루어져 있다는 피타고라스의 통찰을 반영함을 알 수 있다.

피타고라스의 철학은 우리가 세상을 바라보는 방식을 변화시키는 혁신적인 사상이었다. 그는 수학이 인간의 삶과 자연, 우주의 원리를 탐구하는 강력한 도구라고 믿었다.

현대 과학에서도 그의 사상은 여전히 유효하다. 물리학, 천문학, 음악, 심지어 예술까지도 수학적 비율과 패턴을 반영하고 있다.

숫자는 단순한 기호가 아니라 우리가 세상을 이해하는 언어이며, 보이지 않는 세계의 질서를 드러내는 도구다. 수학자이자 버클리 대학교 교수인 에드워드 프렌켈은 "수학은 우리 삶과 우주의 근본적인 진리를 탐구하는 수단이다"라고 말했다. 우리가 숫자를 우주를 해석하는 방법으로 바라볼 때, 우리는 우리 삶과 자연, 우주의 깊은 원리를 발견할 수 있다.

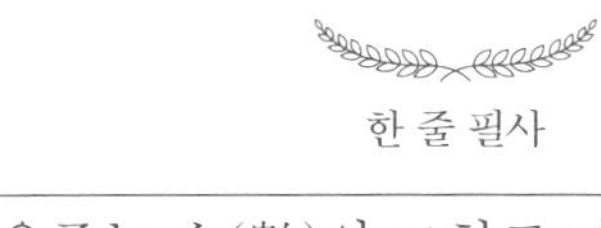

한 줄 필사

○ 피타고라스

우주는 수(數)와 조화로 이루어져 있다.

인간사회는 왜 불평등한가?

"인간은 자유롭게 태어났지만, 어디서나 쇠사슬에 묶여 있다."

– 장 자크 루소, 《사회계약론》

우리는 살면서 세상이 공평하지 못함을 깨닫게 된다. 같은 학교에 다녀도 부모님의 경제력에 따라 학원을 다니고 과외를 받을 수 있는 아이와 그렇지 못한 아이가 있다. 또 성인이 되어 같은 일을 해도 누군가는 부모에게서 부를 물려받고, 누군가는 가난을 벗어나기 힘든 현실을 마주하게 된다. 그렇게 우리는 저마다 다른 삶의 출발선에서 시작을 한다.

그렇다면 이런 차이는 어디서 비롯되는 것인가? 세상은 원래부터 불평등한 것인가? 아니면 인간이 만든 구조가 불평등을 고착화하고 있는 것인가?

프랑스 철학자 장 자크 루소는 불평등이 인간의 본성이 아니라 인간이 만든 사회적 제도 속에서 형성된 것이라고 생각했다. 그는 "인간은 자유롭게 태어났지만, 어디서나 쇠사슬에 묶여 있다"라고 말했다.

루소는 인간이 자연상태에서는 원래 비교하지 않고 평등하게 살아갔다고 보았다. 그러나 문명이 발달하고 사유재산이라는 개념이 등장하면서 불평등이 시작되었다고 지적했다.

토지를 가진 사람과 그렇지 못한 사람 사이에서 차이가 발생했고, 이러한 차이가 점점 커지면서 부와 권력의 불균형이 사회를 지배하게 되었다. 문제는 시간이 흐를수록 불평등이 자연스러운 것처럼 받아들여졌다는 점이다. 마치 그것이 인간 사회의 당연한 질서인 것처럼 받아들여지게 된 것이다.

루소는 불평등이 결코 자연적인 것이 아니라고 강조했다. 지금 우리가 겪는 불평등은 대부분 사회가 만든 제도와 구조가 유지시키고 있다는 것이다. 하지만 이러한 불평등이 돈의 많고 적음에서만 비롯되는 것은 아니다. 우리의 삶 곳곳에 자리한 보이지 않는 차별과 격차들이 불평등을 더 심화시키고 있다.

불평등은 단순히 '부자와 가난한 사람'의 문제로만 존재하지 않는다. 일상 속에서도 사람들 간의 보이지 않는 벽이 존재한다. 학교에서 같은 교실에서 공부를 하지만, 누군가는 집에 돌아가면 과외 선생님과 함께 복습을 하고, 누군가는 부모님의 일을 도와야 한다. 또 학군에 따라 좋은 대학에 가는 비율이 다른 것은 환경이 평등하지 않기 때문이다.

취업시장에서도 마찬가지다. 같은 실력을 갖추었더라도 명문대 졸업장이 있는 사람과 그렇지 않은 사람의 기회는 다르다. 또 누군가는 부모님의 배경과 인맥을 활용해 기회를 얻는다. 하지만 그러한 배경이 없는 사람들에게는 기회조차 돌아가지 않는다.

심지어 같은 회사에 다녀도 격차는 존재한다. 출신학교, 성별, 집안환경에 따라 승진 속도가 달라지고, 임금 격차가 벌어지기도 한다. 특히 여성의 경우 남성과 같은 업무를 하면서도 급여가 더 낮은 경우가 많고, 출산과 육아를 이유로 경력단절을 경험하는 경우도 적지 않다.

그리고 이제는 인공지능(AI)과 자동화 기술의 발전으로 인해 노동시장에서의 불평등이 심화되고 있다. AI는 생산성을 높이고 편리한 서비스를 제공하지만, 동시에 많은 직업을 대체하며 소득 격차를 확대하고 있다. 또한 같은 사회에서 살지만, 기술의 혜택을 받는 사람과 그렇지 못한 사람 간의 격차는 점점 더 커지고 있다.

이처럼 불평등은 우리 삶의 모든 영역에서 조용히, 그러나 강력하게 작동하고 있다. 문제는 이러한 차이가 점점 더 커지고, 계층 이동의 기회가 점차 줄어든다는 것이다. 결국 자신의 부모보다 더 나은 삶을 살 가능성은 낮아지고, 노력만으로는 한계를 넘기 어려운 현실이 지속되고 있다.

그렇다면 우리는 이러한 불평등을 그냥 받아들여야 하는 것인가?

불평등을 완전히 없애는 것은 어렵지만, 우리가 일상 속에서 실천할 수 있는 것들도 있다. 사회적 변화는 거창한 정책이나 제도의 변화로만 이루어지는 것이 아니라 개개인의 작은 행동에서도 시작될 수 있다.

첫째, 불평등을 깨닫고 질문하는 연습을 하자.

일상 속에서 무심코 지나치는 불평등을 의식적으로 인식하는 것이 중요하다. 예를 들면, 같은 직장에서 여성 직원의 승진이 유독 느리다면 "왜 그럴까?"라고 질문해보자. 뉴스에서 경제적 격차가 점점 커진다는 기사를 보면, "이 문제를 해결하려면 어떤 변화가 필요할까?"라는 고민을 해보는 것이다.

책을 읽고, 다양한 사람들의 이야기를 듣는 것도 좋은 방법이다. 사회적 불평등에 대한 지식을 쌓으면, 내가 겪는 문제뿐만 아니라 주변에서 일어나는 격차에도 더 민감하게 반응할 수 있다.

둘째, 내가 속한 환경에서 공정한 기회를 만들려고 노력하자.

우리는 각자의 위치에서 불평등을 완화하는 데 기여할 수 있다. 회사에서 채용 과정에 참여한다면 학벌이나 배경보다 실력을 우선시하는 기준을 고민해 볼 수 있다. 동료들과 업무를 나눌 때도 성별이나 연차에 따른 고정관념을 배제하고 능력과 공정성을 고려하는 태도를 갖자.

또한 가까운 사람들과 대화할 때도 기존의 편견을 무심코 강화하지 않도록 주의해야 한다. "여자는 원래 높은 직급까지 가기 어려워"와 같은 말을 듣는다면, "정말 사실일까?"라고 질문을 던져보자. 이는 자신의 편견에 대해 다시 한 번 생각하게 됨은 물론 상대에게도 생각할 기회를 주게 된다. 작은 인식의 변화가 주변에도 영향을 미칠 수 있다.

셋째, 내가 할 수 있는 방식으로 변화를 만들어가자.

모든 사람이 직접 사회운동을 하거나 정책을 바꿀 수 있는 위치에 있는 것은 아니다. 하지만 개인이 참여할 수 있는 작은 실천들도 있다.

공정한 기회를 제공하는 기업을 선택하고 소비하는 것, 불평등 문제를 다루는 단체에 기부하는 것, 선거에서 사회적 격차를 줄이는 정책을 지지하는 후보를 뽑는 것도 방법이다. SNS나 블로그를 활용해 불평등 문제를 알리는 것도 의미 있는 행동이 될 수 있다.

또한 주변 사람들에게 불평등 문제를 이야기하고, 함께 고민하는 것만으로도 변화를 가져올 수 있다. 가정, 학교, 직장에서 이런 문제를 터놓고 이야기하는 분위기가 만들어진다면, 더 나은 사회를 향한 작은 움직임이 될 수 있다.

우리는 불평등한 사회에서 태어났지만, 그 사회를 바꾸어 나갈 수 있다. 그러기 위해서는 구성원들이 불평등을 당연한 것으로 받아들이는 것이 아니라 더 공정한 시스템을 만들려는 노력을 해야 한다. 공정한 사회를 만들려는 노력이 끊임없이 지속된다면 세상은 조금씩 개선되어 갈 수 있다. 인류의 역사를 보아도 거시적으로 보면 고대의 노예제 사회에서 역사가 거듭되며 개개인의 자유와 권리가 신장되고 있음을 알 수 있다.

버락 오바마는 "다른 사람이 가져오는 변화나 더 좋은 시기를 기다리기만 한다면 결국 변화는 오지 않을 것이다. 우리 자신이 바로 우리가 기다리던 사람들이다. 우리 자신이 바로 우리가 찾는 변화다"라고 말했다. 변화는 바로 우리 각자의 손에서 시작될 수 있다.

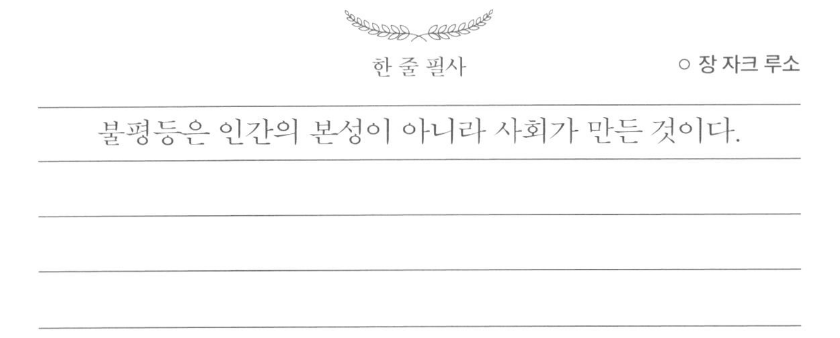

한 줄 필사

○ 장 자크 루소

불평등은 인간의 본성이 아니라 사회가 만든 것이다.

사람은 권력을 쥐면 왜 바뀌는 것일까?

"사람들은 단순하고 눈앞의 필요에 쉽게 영향을 받기 때문에 속임수를 쓰는 자는 언제나 속는 자를 찾을 것이다."

– 니콜로 마키아벨리, 《군주론》

권력을 쥐면 원래의 모습에서 많이 다르게 행동하는 사람들을 흔히 볼 수 있다. 동료였을 때는 다정하고 친절하던 상사가 승진한 뒤에는 냉정한 모습만을 보이거나, 정의롭던 정치인이 높은 자리에 오르면 자신의 말은 식언한 채 말과 전혀 다른 행보를 보이는 모습을 어렵지 않게 보게 된다.

그렇다면 그것은 원래 그 사람의 본성이 드러난 것일까, 아니면 권력이 사람을 변화시키는 것일까?

르네상스 시대 이탈리아 정치사상가 니콜로 마키아벨리는《군주론》에서 권력을 효과적으로 유지하기 위한 전략을 설명하며, "권력을 쥔 자는 기존의 도덕적 잣대를 버릴 준비가 되어 있어야 한다" 라고 말했다. 즉, 권력을 유지하기 위해서는 때때로 냉혹하고 비도덕적인 선택을 해야 한다는 것이다.

마키아벨리는 인간은 본래 이기적이며, 사람들은 자신의 이익을 따라 행동한다고 생각했다. 그래서 권력자가 이상주의에 빠지거나, 지나치게 도덕적인 태도를 고수하면 조직이 쉽게 무너질 것이라고 경고했다. 그는 군주(지도자)가 때로는 거짓말을 하고, 공포를 활용하며, 필요할 때는 무자비해야 한다고 강조했다.

이런 논리는 다소 충격적으로 들릴 수도 있다. 과연 마키아벨리의 주장은 권력자를 옹호하기 위한 변명일까, 아니면 실제로 권력을 가진 사람들은 필연적으로 변할 수밖에 없는 것일까?

권력을 가진 사람이 변하는 이유는 단순한 성격의 문제가 아니다. 권력은 인간의 심리를 변화시키는 강력한 힘을 지니고 있다. 심리학에서는 이것을 '권력효과(Power Effect)'라고 부른다.

권력을 가지면 가장 먼저 변하는 것이 자신에 대한 인식이다. 높은 자리에 오르면 사람들은 자신의 의견이 더 중요하고 가치 있다고 여기게 된다. 관련 연구에 따르면, 권력을 가진 사람들은 타인의 감정에 둔감해지고, 상대방의 입장을 고려하는 능력이 떨어지는 경향이 있다고 한다.

또한 권력은 책임의 무게를 가져온다. 권력자의 결정은 더 많은 사람들에게 영향을 미치게 된다. 이런 상황에서 권력을 쥔 사람은 점점 더 신중해지거나, 반대로 강압적인 태도를 보이게 된다.

권력을 가지면 유혹과 압박도 커진다. 정치인이나 기업경영자가 권력을 이용해 사적 이익을 취하려는 유혹에 빠지는 경우가 많은 것도 이러한 이유 때문이다. 처음에는 원칙을 지키려 했던 사람도 권력의 영향 속에서 점점 변하게 된다.

가장 중요한 것은 권력은 사람을 외롭게 만든다는 점이다. 권력을 가지면 주변 사람들과 진정한 의견을 나누기가 어려워진다. 주변 사람들은 권력자의 결정에 대해 반대하기 어려워지고, 아부를 하는 사람들도 늘어나게 된다. 결국 권력자는 점점 독단적인 결정을 내리게 된다. 이 과정이 반복되면, 권력자는 점점 더 현실감각을 잃어가고 자신이 하는 일이 모두 정당하다고 믿게 된다.

이러한 변화는 정치인이나 기업 경영자에게만 해당되는 것이 아니다. 작은 조직에서조차 권력을 가진 사람들은 쉽게 변하게 마련이다.

이처럼 권력이 사람을 변하게 하는 속성이 있다면, 우리는 그것을 어떻게 방지할 수 있을까? 권력을 가졌을 때도 원래의 가치관을 유지하고, 공정한 태도를 가지기 위해 실천할 수 있는 방법들이 있다.

첫째, 주변에 반대 의견을 낼 수 있는 사람을 두자.

권력을 가지면 자신이 옳다고 생각하는 경향이 강해진다. 하지만 자신이 잘못된 판단을 내릴 수 있다는 사실을 항상 기억해야 한다. 이를 위해서는 솔직하게 조언해 줄 수 있는 사람을 가까이 두는 것이 중요하다.

기업 CEO나 정치인들이 자문위원을 두거나, 신뢰할 수 있는 조언자를 곁에 두는 것도 이런 이유에서다. 조직을 운영하는 위치에 있다면, 의견이 다른 사람을 배제해서는 안 되고 그들의 의견을 경청하는 태도를 유지해야 한다.

중국 역사상 가장 위대한 황제로 꼽히는 태종은 수시로 바른말과 직언을 해준 위징이라는 충신이 있었기에 정관의 치라는 태평성세를 이룩하고 명군이 될 수 있었다. 태종은 위징이 죽었을 때 "구리로 거울을 삼으면 의관을 바로 할 수 있고, 역사를 거울로 삼으면 흥망성쇠를 알 수 있고, 사람을 거울로 삼으면 득실을 밝힐 수 있다. 나는 항상 이 세 가지의 거울로 나의 허물을 막을 수 있었는데, 이제 위징이 죽었으니 마침내 거울 하나를 잃고 말았다"라고 말했다. 당 태종은 신하의 바른말을 자신을 바로잡는 거울로 받아들인 것이다.

둘째, 자신의 특권을 당연하게 여기지 말자.

권력을 가지면 많은 것이 쉽게 해결되는 경험을 하게 된다. 예를 들면, 높은 자리에 있는 사람은 작은 부탁을 해도 사람들이 쉽게 들어주고, 자신의 말을 망설임 없이 따르는 사람들이 많아진다. 문제는 이것이 당연하다고 여기기 시작하는 순간부터 발생한다.

권력을 가진 사람이 겸손함을 잃지 않으려면, 특권을 내려놓을 줄도 알아야 한다. 가끔은 다른 사람들과 같은 조건에서 일하고, 같은 환경을 경험해보는 것이 중요하다. 성공한 기업가들이 직접 고객응대를 해보거나, 경영진이 신입사원과 동일한 업무를 수행해보는 것도 이런 이유에서다.

셋째, 권력을 책임감 있게 사용하자.

마키아벨리는 권력자가 때때로 거짓말을 하거나, 공포를 조성할 필요가 있다고 말했다. 하지만 그는 권력을 남용하라고 주장한 것이 아니다. 그는 "권력자는 국민의 신뢰를 잃으면 안 된다"라고 강조했다.

권력을 가진 사람은 그 권력을 어떻게 사용하느냐에 따라 완전히 다른 평가를 받는다. 같은 기업 경영자라도 직원들을 착취하며 회사를 운영하는 사람이 있는 반면, 직원들의 복지를 개선하고 조직을 성장시키는 사람이 있다. 정치인도 마찬가지다. 본인의 이익을 위해 권력을 사용하는 사람이 있는가 하면, 공익을 위해 권력을 행사하는 사람도 있다.

권력을 가지게 되면 가장 중요한 것이 그것을 개인적인 이익이 아니라 공동체를 위해 사용하는 책임감을 가져야 한다는 점이다. 괴테는 "높은 위치에서 오는 권력은 더 큰 책임을 의미한다"라고 권력에 따른 책임감을 강조했다.

작은 조직에서도, 직장에서도, 심지어 인간관계 속에서도 우리는 크고 작은 권력을 가진다. 그럴 때마다 내가 지금 권력을 어떤 방향으로 사용하고 있는지 돌아볼 필요가 있다. 권력을 어떻게 사용하느냐에 따라 그것은 누군가를 억압하는 도구가 될 수도 있고, 더 나은 조직과 사회를 만드는 유용한 도구가 될 수도 있다.

아인슈타인은 다음과 같이 말했다. "권세의 진정한 가치는 남을 섬기는 데에 있다."

권력은 쉽게 사람을 바꾸어놓지만, 그 권력을 어떻게 사용할 것인지 선택하는 것은 각자의 몫이다.

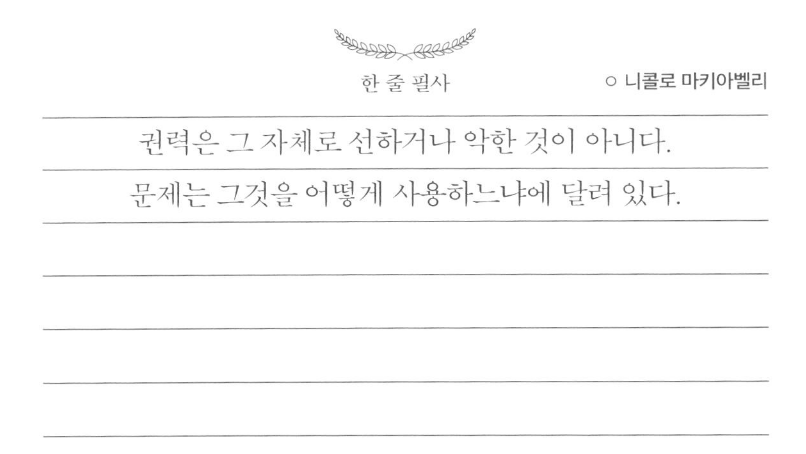

공평함은 곧 정의로움인가?

"정의란 사회의 제도들이 배분하는 기본적인 권리와 의무를 공정하게 설정하는 것이다."

– 존 롤스, 《정의론》

공평함과 정의로움은 항상 같은 의미일까?

다음과 같은 상황을 생각해보자. 길을 가던 두 사람이 다투고 있다. 한 사람이 크게 소리를 지르며 "저 사람이 내 돈을 훔쳤어요!"라고 주장한다. 그런데 정작 상대방은 억울한 표정으로 "오해입니다. 저는 그냥 길을 가던 중이었어요"라고 말한다.

우리는 이 상황에서 누구의 말을 믿어야 할까? 이때 정의로운 판단을 내리기 위해서는 직관이 아니라 객관적인 기준이 필요하다.

미국 철학자 존 롤스는 《정의론》에서 사회적 제도와 규범이 정의롭기 위해서는 공정한 분배 원칙이 필요하다고 주장했다. 그는 완전한 공정함을 보장하기 위해 '무지의 베일(Veil of Ignorance)'이라는 개념을 제안했다. 이것은 내가 부유한 가정에서 태어날지, 가난한 환경에서 태어날지 모른다고 가정하고 사회의 규칙을 만든다면, 최대한 공정한 시스템을 고민하게 될 것이라는 개념이다.

그렇다면 우리는 롤스가 말하는 '완벽한 정의'를 실현할 수 있을까?

정의를 실현하는 것이 어려운 이유는 정의에 대한 관점이 사람마다 다르기 때문이다. 어떤 사람은 "같은 보상을 받으려면 같은 노력을 해야 한다"라고 주장하고, 어떤 사람은 "기회의 차이를 보완하기 위해 사회적 배려가 필요하다"라고 말한다.

만약 우리가 '노력한 만큼 보상을 받아야 한다'는 원칙을 따른다면, 성과가 낮은 사람은 적은 임금을 받아야 한다. 하지만 어떤 사람들은 태어나면서부터 신체적 장애를 가지고 있거나, 가난한 환경에서 교육 받을 기회를 얻지 못했을 수도 있다. 그렇다면 사회가 이런 사람들에게 더 많은 지원을 해주는 것이 공정한 것일까? 아니면 모두에게 똑같이 대하는 것이 공정한 것일까?

롤스는 여기에서 '차등의 원칙(Difference Principle)'을 제안했다. 그는 "불평등이 존재하더라도 그것이 가장 불리한 사람들에게 혜택을 주는 방식으로 운영된다면 정의로울 수 있다"고 주장했다.

이 원칙을 적용한 대표적인 정책이 누진세 제도다. 부유한 사람들에게 더 많은 세금을 부과하고, 그 재원을 이용해 저소득층을 지원하는 방식이다. 그러나 일부 사람들은 이것이 '부자에 대한 차별'이라며 반대한다. 결국 정의롭다는 기준은 쉽게 합의될 수 없는 문제다.

현실적으로 사회는 다양한 이해관계를 가진 집단으로 이루어져 있으며, 각자가 정의를 바라보는 관점이 다르다. 그래서 모든 사람에게 완벽하게 공정한 정의를 실현하는 것은 사실상 불가능하다.

완벽한 정의는 현실적으로 실현하기 어려운 개념일지 모르지만, 우리는 보다 정의로운 사회를 만들기 위해서 작은 실천을 할 수 있다.

첫째, 공정성을 고민하며 판단하는 습관을 기르자.

일상에서 우리는 크고 작은 판단을 내리며 살아간다. 친구와의 다툼에서, 직장에서의 의사결정에서, 혹은 뉴스 속 사건을 바라볼 때 우리는 무의식적으로 한쪽 편을 들거나 감정적으로 반응하곤 한다. 그런 상황에서 롤스가 제안한 '무지의 베일' 개념을 떠올려 보자. 만약 내가 이 상황에서 어떤 입장에 서게 될지 모른다면, 어떤 결정을 내리는 것이 가장 공정할지 생각해보는 것이다.

예를 들면, 직장에서 인사평가를 할 때 '누구를 좋아하느냐'가 아니라 '객관적인 성과와 공정한 기준'에 따라 평가하려는 태도가 필요하다. 또는 사회적 이슈를 바라볼 때 '내가 만약 다른 입장이었다면 이 정책을 어떻게 느꼈을까?'라고 생각해보는 습관이 중요하다.

둘째, 기회의 평등과 공정한 보상에 대한 논의에 참여하자.

완벽한 정의는 존재하기 어렵지만, 사회가 더 나은 방향으로 나아가기 위해서는 지속적인 논의가 필요하다. 우리 사회에는 교육 기회의 불평등, 성별에 따른 임금 격차, 장애인 지원 정책 미비 등 다양한 문제들이 존재한다. 이러한 문제들에 대해 관심을 가지고, 주변 사람들과 이야기를 나누거나 작은 행동이라도 실천하며 정의의 실현을 위해 노력할 수 있다.

셋째, 정의는 고정된 개념이 아니라는 사실을 이해하자.

우리는 종종 "이것이 절대적으로 옳다"라고 생각하는 경향이 있다. 하지만 롤스의 이론에서 보듯이, 정의란 시대와 상황에 따라 다르게 해석될 수 있다. 중요한 것은 정의가 한 가지 기준으로 결정되는 것이 아니라 사회적 합의를 통해 계속 조정되고 발전할 수 있다는 점이다.

따라서 자신이 가지고 있는 정의의 기준이 과연 모든 사람에게 공정한 것인지 끊임없이 고민하고, 열린 자세로 다른 사람들의 관점도 받아들이려는 태도가 필요하다.

정의는 결코 단순한 개념이 아니다. 누군가에게 공정한 것이 다른 누군가에게는 불공평할 수도 있다. 하지만 정의는 인간사회에서 가장 중요한 가치 중의 하나이기에 더 공정한 사회를 만들기 위한 고민은 끊임없이 이어져야 한다. 롤스도 '무지의 베일'과 같은 사고방식을 통해 더 공정한 사회를 고민할 수 있다고 생각했다.

정의를 향한 노력이 모이면 사회는 점점 더 나은 방향으로 변화할 수 있다. 루소는 "세상을 더 나아지게 하려면 너도나도 사회 참여에 나서야 한다"고 말했다. 우리 각자가 정치와 사회에 대해 무관심을 벗어나 관심을 기울여야 하는 이유도 우리의 고민과 실천하는 작은 행동들이 더 나은 세상을 만들어가는 마중물이 될 수 있기 때문이다.

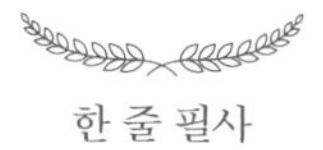

한 줄 필사

○ 존 롤스

완벽한 정의는 실현될 수 없을지 모르지만,
우리는 더 정의로운 사회를 만들기 위해 노력할 수 있다.

우리가 불편한 진실보다 편안한 거짓을 선택하는 이유

"인간은 진실보다 편안한 거짓을 택하는 존재다."

– 프리드리히 니체, 《선악의 저편》

우리는 거울을 보면서 "나 정도면 괜찮게 생겼지"라고 생각할 수 있지만, 다른 사람의 눈에는 전혀 그렇게 보이지 않을 수 있다. 또 내가 시험을 망치면 "오늘 컨디션이 정말 안 좋았어"라고 변명하지만, 친구가 같은 이유를 대면 속으로 '공부를 안 했으니까 망쳤겠지'라고 판단한다. 우리는 이렇게 자기 자신을 바라볼 때 사실을 있는 그대로 보지 않는 경우가 많다.

철학자 프리드리히 니체는 인간이 자기기만(self-deception)을 하는 이유에 대해 깊이 탐구했다. 그는 《선악의 저편》에서 "인간은 불편한 진실보다 편안한 거짓을 선택하는 경향이 있다"고 주장했다. 즉, 우리는 자신의 모습을 객관적으로 보지 못하고 듣고 싶은 것만 듣고, 믿고 싶은 것만 믿는다는 것이다.

그렇다면 이러한 인간의 심리는 무엇일까? 스스로를 기만하는 것인가? 인간은 나약한 존재이기 때문인가? 혹은 본능적으로 자신을 보호하기 위해 자기기만을 하는 것인가?

니체는 우리가 진실을 외면하는 것은 착각이 아니라 인간이 살아남기 위해 만들어낸 하나의 방어기제라고 보았다.

자기기만은 단순한 착각이 아니다. 우리는 자신도 모르게 특정한 방식으로 사고하고, 선택하며, 행동한다. 우리는 본능적으로 자신이 보고 싶은 것만 보는 경향이 있다. 뉴스를 볼 때, 자신이 이미 동의하는 정보는 쉽게 받아들이고, 반대하는 정보는 무시하거나 믿지 않으려고 한다. 일례로, 특정 정치인을 지지하는 사람들은 그 정치인의 잘못된 행동을 보더라도 "어쩔 수 없는 상황이었다"라고 합리화하지만, 반대편 정치인의 행동에는 가혹한 잣대를 들이댄다.

우리는 불편한 진실은 외면하고 싶어 한다. 건강을 해치는 습관이 있다는 것을 알면서도 '이 정도는 괜찮겠지'라고 생각한다. 재정적으로 무리한 소비를 하면서도 '다음 달에는 아껴야지'라고 자신에게 변명을 한다. 이처럼 인간은 본능적으로 자신에게 불리한 정보는 회피하려는 경향이 있다. 니체는 이를 두고 "인간은 자신이 감당할 수 있는 만큼만 진실을 받아들인다"라고 말했다.

또한 우리는 자기 자신을 가장 잘 안다고 착각한다. '나는 누구보다 내 자신을 잘 알아'라고 생각하지만, 막상 주변 사람들에게 물어보면 예상과 다른 평가를 받는 경우가 많다. 이는 우리가 자신을 객관적으로 보지 못하고, 자기 이미지(self-image)를 미화하려는 성향을 가지고 있기 때문이다.

우리는 누구나 자기기만의 본능을 갖고 있다. 문제는 이러한 자기기만이 때로는 자신의 성장을 방해하고, 중요한 결정에서 잘못된 판단을 내리게 할 수 있다는 점이다. 그렇다면 우리는 어떻게 자기기만을 줄이고, 있는 그대로의 자신을 바라볼 수 있을까?

첫째, 나 자신을 객관적으로 바라보는 연습을 하자.

니체는 "너 자신을 알라"는 말을 비판했다. 그는 인간이 자기 자신을 완전히 아는 것은 불가능하다고 생각했다. 하지만 우리는 자신을 좀 더 객관적으로 바라볼 수 있는 노력을 할 수 있다.

이를 위해 가장 효과적인 방법 중 하나는 자신의 생각을 글로 적어보는 것이다. 일기를 쓰거나 특정한 상황에서 느낀 감정을 기록하면, 내가 어떤 방식으로 사고하는지 객관적으로 볼 수 있다. 또한 자신의 감정과 생각을 지나치게 합리화하고 있는 부분이 있는지도 점검할 수 있다.

둘째, 나와 반대되는 의견을 적극적으로 들어보자.

우리는 본능적으로 자신이 듣고 싶은 정보만 선택적으로 받아들이려 한다. 하지만 진실을 찾기 위해서는 불편한 의견도 기꺼이 들어야 한다. 이를 위해 나와 다른 시각을 가진 사람들과 적극적으로 대화해보는 것도 좋은 방법이다. 정치적 성향이 다른 친구와 이야기를 나누거나, 내가 평소 좋아하지 않는 작가의 책을 읽어보는 것도 한 방법이다. 이렇게 하면 자신의 사고방식이 얼마나 편향되어 있는지를 깨닫는 계기가 될 수 있다.

셋째, 불편한 진실을 직면하는 용기를 가지자.

자기기만을 하는 이유 중 하나는 진실이 너무 가혹하게 느껴지기 때문이다. 자신의 실수나 부족한 점을 인정하는 것이 처음에는 괴로울 수 있다. 하지만 그것을 받아들이고 개선하려는 태도를 가지면 더욱 성장할 수 있다. 불편한 피드백을 피하지 말고 그것을 기꺼이 받아들이려는 자세가 필요하다.

사실 진실을 마주하는 것은 누구에게나 어려운 일이다. 그러나 진실을 부정할수록 그것은 자신에게 그림자가 될 뿐이다. 반대로 진실을 인정하고 받아들이면 그것은 더 이상 자신을 괴롭히는 존재가 되지 못한다.

니체는 우리가 더 강한 인간이 되려면, 불편한 진실을 직면하는 용기를 가져야 한다고 말했다. 자기 자신을 정직하게 바라보고, 편향된 시각을 깨닫고, 가혹한 진실 앞에서도 흔들리지 않는 태도를 가질 때 우리는 더 나은 사람이 될 수 있다.

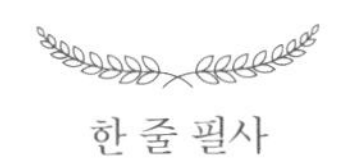

한 줄 필사

○ 프리드리히 니체

사람은 진실을 견딜 수 있을 만큼만 받아들인다.

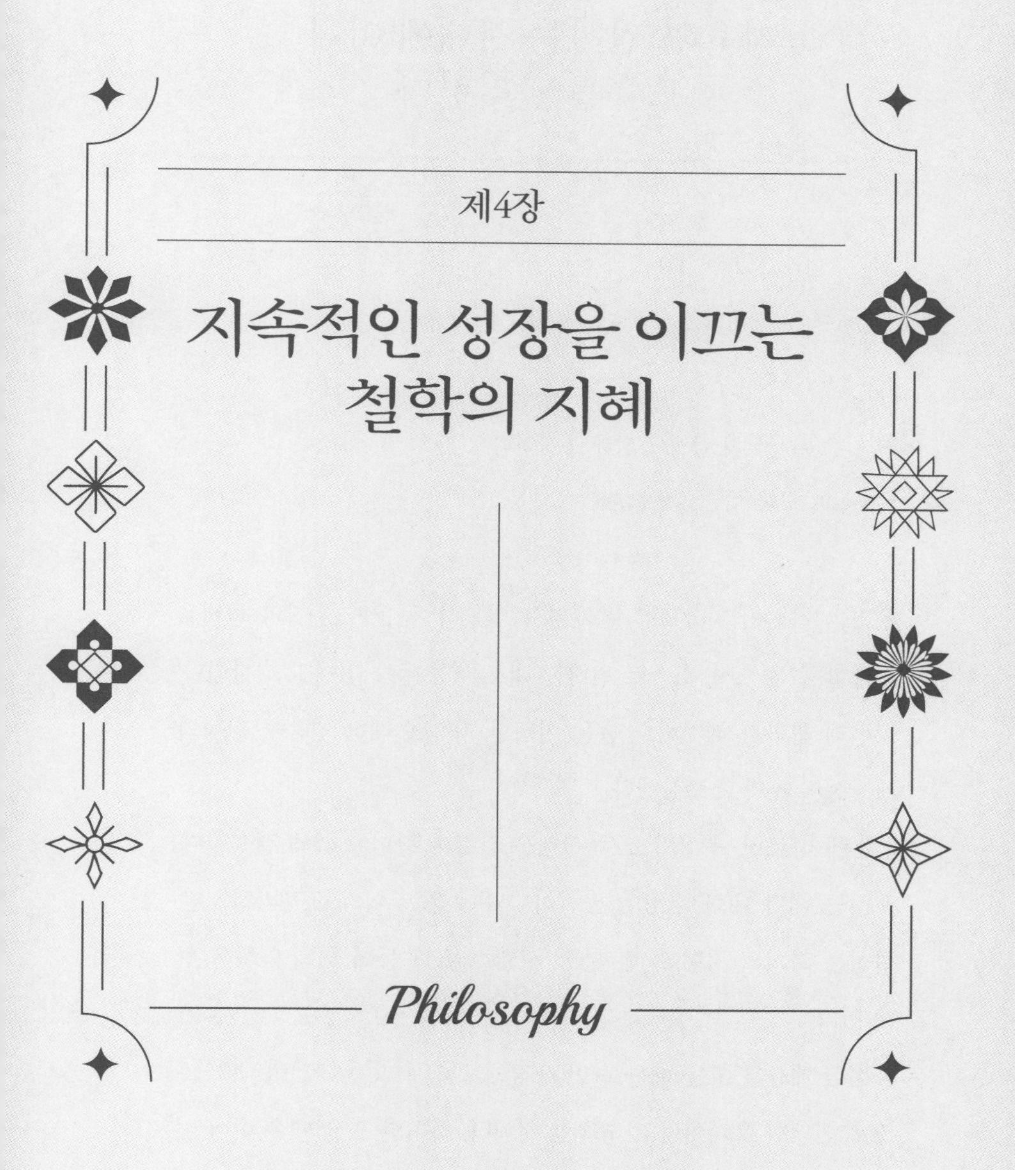

제4장

지속적인 성장을 이끄는 철학의 지혜

Philosophy

자유와 권리는 시대에 따라 모습을 달리한다

"인간은 이성보다 감정에 의해 움직인다."

– 데이비드 흄, 《인간 본성에 관한 논고》

우리는 자신이 자유로운 존재라고 믿는다. 누군가 우리의 선택을 강제할 수 없으며, 스스로 원하는 대로 행동할 수 있다고 생각한다. 그런데 철학자 데이비드 흄은 이러한 자유에 대한 믿음이 환상일 가능성이 높다고 주장했다.

흄에 따르면, 우리의 모든 선택은 감정과 경험에 의해 결정된다. 우리는 내가 내린 결정이 완전히 자유로운 것이라고 생각하지만, 사실은 과거의 경험, 주변 환경, 사회적 습관 등에 의해 영향을 받고 있다.

점심 메뉴를 고를 때를 한번 생각해보자. 우리는 그것이 내가 스스로 선택한 음식이라고 생각할 것이다. 하지만 그 선택은 이미 어떤 음식을 선호하는지, 주변 사람들이 무엇을 먹고 있는지 등등의 요소에 영향을 받는다. 흄은 바로 이 점을 지적하며 다음과 같이 말했다. "완전한 자유로운 선택이란 존재하지 않는다. 인간은 환경과 경험 속에서 습관적으로 행동하는 존재다."

그렇다면 우리가 말하는 자유란 무엇일까?

흄은 "자유는 개인의 독립적인 권리가 아니라 사회적 관계 속에서 형성되는 것"이라고 말했다. 우리는 일반적으로 권리는 태어날 때부터 주어진 것이라고 생각한다. 하지만 흄은 권리는 이성적 사고에서 나온 것이 아니라 인간이 감정을 통해 자연스럽게 형성한 사회적 합의라고 보았다.

흄이 제시한 대표적인 예는 사유재산권이다. 현대사회에서 우리는 내 것과 네 것을 명확히 구분하며, 이에 대해 법적으로 보호를 받는다. 하지만 원시 공동체에서는 사유재산 개념이 없었다. 물건을 나누어 쓰는 것이 당연했기 때문이다. 그래서 사유재산이라는 권리는 선천적으로 존재한 것이 아니라 사람들이 공동체를 이루며 질서를 만들기 위해 합의한 결과물이다. 이는 다른 권리들도 마찬가지다.

일례로 생성형 AI를 생각해보자. 이것은 과거에는 존재하지 않았던 개념이지만, 이제는 우리의 데이터 보호권, AI가 생성한 콘텐츠의 저작권, AI 알고리즘의 투명성 등이 중요한 사회적 논쟁거리가 되고 있다. 흄의 관점에서 보자면, 이처럼 권리는 정해진 것이 아니라 사회적 필요에 따라 변화하는 개념이다.

그렇다면 우리는 자신의 권리를 주장하기 전에 먼저 내가 요구하는 권리가 사회 속에서 어떻게 형성된 것인지 한번 고민해볼 필요가 있다.

흄은 우리가 자유와 권리를 더 깊이 이해하고, 더 나은 사회를 만들기 위해 어떤 태도를 가져야 하는지에 대한 중요한 가르침을 남겼다. 우리는 그의 철학을 어떻게 삶에 적용할 수 있을까?

첫째, 나의 선택이 내 의지에 의한 자유로운 선택이 맞는지 점검해보자.

우리는 일상에서 크고 작은 결정을 내린다. 하지만 그 결정이 정말 내 의지로 내린 것인지, 아니면 무의식적으로 학습된 패턴인지 고민해볼 필요가 있다.

아침마다 스마트폰을 확인하는 습관을 생각해보자. 우리는 그것이 당연히 자신의 자유로운 선택이라고 생각하겠지만, 사실은 사회적 습관과 환경에 의해 무의식적으로 형성된 행동일 가능성이 크다. 흄의 철학에 따르면, 우리가 자유롭다고 믿는 것들 중 상당수가 사실은 외부의 영향을 받아 형성된 것이다.

둘째, 권리는 타인의 자유와 균형을 이룰 때 지속됨을 유념하자.

우리는 누구나 자유를 원하지만, 동시에 타인의 자유도 고려해야 한다. 흄은 인간이 도덕적 감정을 통해 권리를 학습한다고 보았다. 즉, 권리는 개인의 것이 아니라 사회적 관계 속에서 형성된 것이므로 타인의 권리를 침해하지 않는 선에서 조율될 필요가 있다는 것이다.

온라인에서의 표현의 자유를 생각해보자. 우리는 무엇이든 자유롭게 말할 권리가 있지만, 타인의 명예를 훼손하거나 잘못된 정보를 유포하는 것은 사회적 문제를 일으킬 수 있다.

또 AI가 만든 창작물에 대해 생각해보자. 한 사람이 AI를 활용해 그림을 만들었다고 가정하면, 그것은 창작자의 자유로운 선택일 수 있다. 하지만 그 결과로 인해 실제 화가들이 설 자리를 잃는다면, 그 자유는 타인에게 부정적인 영향을 미치는 것이다. 그리고 그러한 피해자가 언젠가는 자기 자신이 될 수도 있다.

따라서 흄의 철학을 따르면, 자유를 주장할 때는 반드시 그것이 타인의 자유와 균형을 이룰 수 있는지 고민해야 한다.

셋째, 자유와 권리는 고정된 것이 아니라 사회적 경험에 따라 변화함을 인식하자.

흄은 "권리는 절대적인 것이 아니라 사회적 경험과 필요에 따라 변화하는 개념"이라고 주장했다. 과거에는 인간의 기본적인 권리조차 인정되지 않던 시대가 있었다. 하지만 인류의 역사에서 사회적 경험이 쌓이고 새로운 윤리적 기준이 생겨나면서 인간의 권리는 점진적으로 발전해왔다. 여성의 참정권, 노동자의 권리, 인공지능(AI) 시대의 데이터 권리와 같은 것들은 모두 시대적 흐름 속에서 형성된 것이다.

따라서 우리는 자유와 권리를 단순히 주어진 것으로 받아들이지 말고 그것이 앞으로 어떻게 발전해야 하는지 고민할 필요가 있다.

한 줄 필사

○ 데이비드 흄

자유는 우리가 태어날 때부터 주어진 것이 아니다.
그것은 경험 속에서 학습되는 것이다.

일상 속에서 움직이고 있는 권력의 알고리즘을 읽자

"권력은 권력에 의해 견제되어야 한다."

– 샤를 드 몽테스키외,《법의 정신》

우리는 흔히 권력이 정치나 법, 기업 같은 거대한 조직에서만 작용한다고 생각하지만, 사실 권력은 우리의 일상 깊숙이 자리 잡고 있다. 우리가 읽는 뉴스, 소셜미디어에서 접하는 정보, 직장에서의 상하관계, 우리가 선택하는 브랜드와 제품 등 이 모든 것이 보이지 않는 권력의 작용 속에 포함되어 있다.

프랑스의 계몽 사상가 샤를 드 몽테스키외는 권력은 본질적으로 타락할 위험이 있으며, 이를 방지하기 위해서는 권력을 분산하고 견제하는 체제가 필요하다고 주장했다. 그의 사상은 오늘날 민주주의 사회의 핵심 원리인 삼권분립(Separation of Powers)의 기반이 되었다.

오늘날 우리는 정보가 넘쳐나는 시대를 살아가고 있다. 우리가 접하는 수많은 정보는 과연 객관적이고 공정한 것인가?

소셜미디어 플랫폼의 알고리즘은 우리의 관심사를 분석해 우리가 보고 싶어 할 만한 정보만을 제공한다. '필터 버블(Filter Bubble)'이라는 용어가 있다. 추천 알고리즘이 이용자의 관심사에 맞추어 맞춤형 정보를 제공해 이용자는 제한된 정보만 접하게 되는 현상을 말한다. 우리가 정치, 경제, 사회 이슈에 대해 다양한 관점을 접하지 못하고 특정한 방향으로 편향되도록 설계된 시스템 속에 있다면, 자신도 모르게 특정한 권력에 의해 사고방식이 조정될 가능성이 크다.

뉴스에서 보는 정치적 메시지, SNS에서 접하는 핫이슈, 직장에서의 업무 분배와 의사결정 과정 등 우리는 수많은 권력 관계 속에서 살아간다. 하지만 문제는 권력이 어떻게 행사되는지 인식하지 못한 채 영향을 받는 경우가 많다는 점이다. 권력이 투명하게 운영되지 않으면 특정 개인이나 집단이 이익을 위해 권력을 남용하고, 이는 결국 사회적 불평등과 부조리로 이어진다.

그렇다면 우리는 권력을 어떻게 견제하고, 스스로 균형 잡힌 시각을 유지할 수 있을까?

우리는 매일 스마트폰을 사용하며 뉴스를 읽고, 영상을 시청하고, 검색을 한다. 그런데 우리가 보는 정보는 정말 우리가 선택한 것일까? 오늘날 정보 소비는 개인의 선택을 넘어 거대한 알고리즘 시스템에 의해 결정되는 경우가 많다. 소셜미디어 플랫폼은 사용자가 오래 머물도록 유도하는 알고리즘을 설계하고 있으며, 우리의 관심사와 행동 패턴을 분석해 맞춤형 콘텐츠를 제공한다. 이것이 처음에는 매우 편리하게 느껴질 수 있지만, 이로 인해 우리는 장기적으로는 특정 정보만 반복적으로 접하면서 편향된 사고에 빠질 위험이 있다.

예를 들어, 정치적 이슈가 있을 때 소셜미디어의 알고리즘이 우리가 자주 보는 성향의 뉴스만 추천해준다면 우리는 반대 의견을 접할 기회가 줄어든다. 이렇게 되면 점점 더 특정한 시각에 갇히게 되고, 다른 관점을 이해하기 어려워진다. 더욱이 알고리즘은 사용자의 클릭 수와 반응을 기반으로 콘텐츠를 추천하기 때문에 자극적인 뉴스나 극단적인 의견이 더 많이 노출되는 경향이 있다. 이는 결국 사회적 갈등을 심화시키고, 객관적이고 균형 잡힌 사고를 방해하는 요인이 될 수 있다.

우리는 자신이 정보를 선택한다고 생각하지만, 사실상 정보가 우리를 선택하는 시대를 살고 있다. 이런 상황에서 권력의 영향을 받지 않고 스스로 균형적인 시각을 유지하는 것이 중요하다. 알고리즘이 추천하는 콘텐츠만 소비하지 않고 다양한 출처의 정보를 비교해보는 습관을 갖는 것이 한 방법이다. 뉴스, 유튜브, SNS에서 반대되는 의견도 찾아보고 분석하는 태도를 기르면 편향된 사고에서 벗어날 수 있다.

또한 AI와 빅데이터가 어떻게 작동하는지 기본적인 원리를 이해하고, 우리가 소비하는 정보가 특정 권력의 이익을 위해 조작되고 있지는 않은지 스스로 점검하는 노력이 필요하다.

하지만 권력의 남용을 막고 균형 잡힌 사회를 유지하기 위해서는 권력 구조를 이해하는 것만으로는 충분하지 않다. 우리는 일상 속에서 실천할 수 있는 작은 행동을 통해 권력의 영향을 줄이고, 보다 공정한 사회를 만드는 데 기여할 수 있다.

첫째, 정보를 비판적으로 소비하는 태도를 가져야 한다.

우리는 매일 뉴스, 소셜미디어, 영상콘텐츠를 통해 수많은 정보를 접한다. 하지만 그 정보가 객관적인 것인지, 아니면 특정한 집단이 원하는 방향으로 조작된 것인지 의심해볼 필요가 있다. 소셜미디어에서 공유된 뉴스가 사실인지 확인하려면 신뢰할 수 있는 여러 출처를 비교해보아야 한다. 한 가지 정보만을 맹신하기보다는 반대 입장의 기사나 논평을 읽어보고, 다양한 관점을 접하는 것이 편향을 줄이는 데 큰 도움이 된다.

둘째, 직장이나 조직 내에서 공정성을 지키기 위한 노력이 필요하다.

우리는 직장, 학교, 동아리 등 다양한 조직 속에서 생활하며, 그 안에서도 크고 작은 권력 관계가 존재한다. 조직 내에서 의사결정이 공정하게 이루어지고 있는지 점검하고, 부당한 구조가 있다면 문제를 제기하는 것이 중요하다.

특히 직장이나 조직의 회의에서 특정인의 의견만 반영되는 경우, 다른 사람들의 목소리도 반영될 수 있도록 질문을 던지거나 논의를 유도하는 태도가 필요하다. 또한 부당한 대우를 받거나 목소리를 내기 어려운 사람을 지원하는 것이 조직 내 권력의 남용을 막는 데 기여할 수 있다.

셋째, 소비자로서 윤리적인 선택을 하는 것이 권력을 견제하는 한 방법이다.

기업은 소비자의 선택에 따라 움직인다. 특정 브랜드가 환경을 고려하지 않는 방식으로 생산을 하거나, 노동자의 권리를 침해하는 방식으로 운영된다면, 우리는 소비자로서 그 기업을 선택하지 않을 권리를 가진다. 반대로 사회적 가치를 실현하는 기업을 지지하고, 지속 가능한 제품을 선택하는 것은 기업의 방향성을 바꿀 수 있는 강력한 수단이다. 저렴한 가격이나 유명세를 따라가기보다 제품이 만들어지는 과정과 기업이 추구하는 가치까지 고려하는 소비 습관은 우리가 세상을 바꾸어나갈 수 있는 좋은 방법이다.

결국 권력을 견제하는 것은 정부나 법률만이 아니다. 개인이 일상에서 실천하는 작은 행동들이 모여 더 큰 변화를 만들어낼 수 있다. 우리가 비판적으로 사고하고, 공정성을 지키려 노력하며, 윤리적인 소비를 실천한다면, 권력은 소수의 사람들이 휘두르는 특권이 아니라 사회 전체가 함께 조율하는 힘이 될 수 있다. 몽테스키외의 말처럼 권력은 견제될 때 비로소 건강하게 작동될 수 있다.

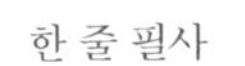

한 줄 필사

○ 샤를 드 몽테스키외

권력은 본질적으로 남용될 위험이 있으므로

반드시 견제되어야 한다.

우리 삶은 근본적으로 결핍과 고통의 반복이다

"인생은 고통과 함께하는 것이다. 그러나 그것을 어떻게 받아들이느냐에 따라 삶의 질이 달라진다."

– 아르투어 쇼펜하우어, 《여록과 보유》

우리는 누구나 행복을 원하고 고통을 피하고 싶어 한다. 하지만 현실에서는 크고 작은 고통이 끊임없이 찾아온다. 실패와 좌절, 인간관계의 갈등, 경제적 어려움, 건강 문제 등 우리가 살아가는 동안 고통을 피하는 것은 사실상 불가능하다. 그렇다면 우리는 어떻게 이 고통을 받아들이고, 덜 괴로워하며 살아갈 수 있을까?

독일 철학자 아르투어 쇼펜하우어는 삶이 본질적으로 고통스러운 것임을 인정해야 한다고 말했다. 그는 삶이란 근본적으로 욕망, 결핍, 고통 속에서 이루어진다고 보았다. 사람은 끊임없이 무언가를 원하지만, 원하는 것을 이루어도 만족은 오래가지 않는다. 원하는 것을 이루지 못하면 좌절하고, 이루어도 더 큰 욕망이 생긴다. 이런 반복적인 과정 속에서 인간은 끊임없이 불안과 결핍을 경험하며 살아간다.

쇼펜하우어는 고통을 피하려 하기보다는 고통을 이해하고 대처하는 법을 배우는 것이 중요하다고 말했다. 삶에서 고통은 불가피하지만, 우리가 그것을 어떻게 받아들이느냐에 따라 삶의 방향이 달라질 수 있다. 그렇다면 우리는 쇼펜하우어의 철학을 통해 어떻게 고통을 바라보고 대처할 수 있을까?

사람들은 흔히 고통이 불행과 동일한 것이라고 생각한다. 하지만 쇼펜하우어는 고통을 피하려는 태도 자체가 더 큰 고통을 초래할 수 있다고 보았다. 그래서 우리는 현실에서 불완전함을 인정하고, 고통을 삶의 일부로 받아들이는 태도를 가질 필요가 있다.

예를 들면, 완벽한 인간관계를 꿈꾸는 사람은 작은 갈등에도 쉽게 상처받고 실망한다. 그러나 갈등이 전혀 없는 인간관계는 존재하지 않는다. 가족, 친구, 연인, 직장 동료와의 관계 속에서 불화와 충돌이 생기는 것은 자연스러운 일이다. 중요한 점은 갈등을 어떻게 해결하고, 감정을 어떻게 조절하는가이다. 우리는 관계에서 갈등을 피하려 하거나 완벽한 조화를 기대할수록 더 큰 실망과 스트레스를 경험하게 된다.

또한 우리는 종종 삶의 불공평함에 분노하며 고통을 느낀다. 하지만 세상은 근본적으로 불완전한 곳이며, 모든 사람이 똑같이 공평하게 살아가는 것은 불가능하다. 쇼펜하우어는 세상의 불완전함을 있는 그대로 받아들이고, 그 안에서 최선을 다하는 것이 중요하다고 강조했다. 자신이 기대하는 대로 일이 흘러가지 않을 때, 그것을 부정하고 좌절하기보다 "이 또한 삶의 일부"라고 인정하는 태도가 필요하다는 것이다.

그리고 한 단계 더 나아가 고통을 성장과 배움의 기회로 삼는다면 우리는 그 속에서 더 의미 있는 길을 찾을 수 있다. 니체는 "나를 죽이지 않는 고통은 나를 더욱 강하게 만든다"라고 말했다.

쇼펜하우어는 고통을 완전히 없앨 수는 없지만, 그 영향을 줄이는 방법은 있다고 생각했다. 그는 몇 가지 태도를 통해 우리가 삶의 고통을 덜 느끼고, 더 평온한 마음을 가질 수 있다고 설명했다.

첫째, 불필요한 욕망을 줄이는 것이 필요하다.

우리가 불행을 느끼는 가장 큰 이유는 원하지만 가지지 못하기 때문이다. 사람들은 더 좋은 집, 더 높은 연봉, 더 좋은 인간관계를 원하며 끊임없이 욕망을 키운다. 쇼펜하우어는 욕망이 많아질수록 고통도 함께 커진다고 경고했다. 우리는 원하는 것을 이루지 못하면 괴로워하지만, 원하는 것을 이루면 또 더 큰 것을 원하게 되어 결국 만족이 지속되지 못한다.

불필요한 욕망을 줄이기 위해서는 현재 가지고 있는 것에 집중하는 태도가 필요하다. 많은 사람이 자신의 부족한 점에만 집중하지만, 찾아보면 자신이 이미 이루고 누리는 것이 많음을 발견하게 된다. 일상에서 감사할 수 있는 작은 것들에 주목하는 것만으로도 우리는 욕망을 조절하고 불필요한 결핍감에서 벗어날 수 있다.

둘째, 타인과 비교하는 태도를 멈춰야 한다.

우리는 다른 사람들의 성공과 행복을 보며 자신이 부족하다고 자괴감을 느낀다. 특히 SNS 시대에는 모두가 결핍감에 시달릴 수밖에 없다. 타인의 화려하고 완벽해 보이는 삶을 끊임없이 보게 되기 때문이다. 쇼펜하우어는 타인의 삶을 부러워하는 것은 자신의 삶을 불행하게 만드는 지름길이라고 말했다.

모든 사람은 각자의 삶을 살아가고 있으며, 우리가 보는 것은 그들의 단편적인 모습일 뿐이다. 남들과 비교하는 대신 자신이 진정으로 원하는 것이 무엇인지에 집중하자. 타인의 기준이 아니라 자신만의 가치관과 목표를 세우고 그것을 이루기 위해 노력하는 것이야말로 삶을 더 의미 있게 사는 것이다.

셋째, 고통을 삶의 일부로 받아들이는 연습을 하자.

우리는 작은 실수에도 쉽게 좌절하고 자책하며, 계획대로 되지 않으면 크게 낙담한다. 쇼펜하우어는 고통이 없기를 바라는 것 자체가 비현실적인 기대라고 보았다. 우리는 고통을 삶의 한 과정으로 받아들이고, 그 안에서 배울 점을 찾는 태도를 가져야 한다.

일이나 인간관계에서 실패를 맛보면 그것을 불행으로 생각하지 말고, 그것을 통해 무엇을 배울 수 있는지를 고민하자. 그러면 같은 상황에서도 더 긍정적인 태도로 대처할 수 있을 뿐만 아니라 노력을 통해 더 좋은 결과를 얻을 수도 있다.

우리가 고통을 어떻게 받아들이느냐에 따라 우리 삶의 질이 달라지게 된다. 불행을 피하려고 애쓰는 대신 불완전한 삶을 받아들이고 그 안에서 의미를 찾을 수 있다면, 우리는 보다 자유롭고 평온한 삶을 누릴 수 있다. 결국 고통은 우리가 삶을 더 깊이 이해하고 성장하기 위한 하나의 축복인지도 모른다.

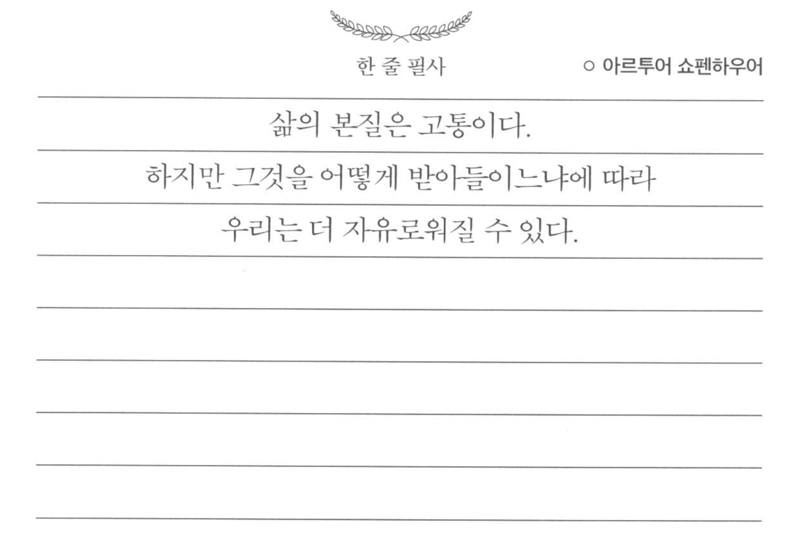

한 줄 필사 ○ 아르투어 쇼펜하우어

삶의 본질은 고통이다.
하지만 그것을 어떻게 받아들이느냐에 따라
우리는 더 자유로워질 수 있다.

운명이란 자신에게 주어진 삶인가?

"자유는 필연성을 이해하는 것이다."

– 게오르크 빌헬름 프리드리히 헤겔, 《정신현상학》

우리는 자신에게 주어진 운명을 바꿀 수 있을까?

외부환경, 집안환경, 사회적 조건 등은 우리가 태어날 때부터 결정되는 것으로 개인의 의지로 바꾸기에 쉽지 않다. 그러나 "나는 원래 이런 운명을 타고났어"라며 자신의 한계를 받아들이는 사람들이 있는가 하면, 반대로 "운명은 내가 개척하는 것"이라고 믿으며 끝없이 노력하는 사람들도 있다.

독일 철학자 게오르크 빌헬름 프리드리히 헤겔은 운명과 자유를 대립적인 개념으로 보지 않았다. 그는 "진정한 자유란 필연성을 이해하는 것"이라고 말했다. 즉, 운명이란 단순히 우리를 구속하는 것이 아니라 우리가 이해하고 받아들일 때 새로운 가능성을 열어주는 요소가 될 수 있다는 의미다.

헤겔은 역사를 바라볼 때도 개인의 의지가 중요한 역할을 한다고 생각했다. 우리가 운명이라고 부르는 것 역시 결국 역사 속에서 인간이 만들어온 과정이라는 것이다. 따라서 운명은 주어진 것이 아니라 우리가 어떻게 해석하고 대응하느냐에 따라 달라질 수 있다고 설명했다.

사람들은 운명을 두 가지 방식으로 생각하는 경향이 있다. 하나는 운명론적 태도이고, 다른 하나는 극단적인 자유의지론적 태도다. 운명론적 태도를 가진 사람들은 모든 것이 미리 정해져 있다고 믿는다. '나는 가난한 집에서 태어났기 때문에 부자가 되기는 어려워'라거나 '어떤 사람들은 타고난 재능이 있어서 잘될 수밖에 없어'라는 식의 사고방식이 여기에 해당한다. 반면, 극단적인 자유의지론을 따르는 사람들은 '모든 것은 내 노력에 달려 있다'라고 생각한다. 노력하면 반드시 성공할 수 있다는 믿음이 이에 해당한다.

헤겔은 운명과 자유가 이분법적인 개념이 아니라고 보았다. 그는 우리가 처한 환경과 필연성을 이해하고 그 안에서 선택하는 것이 진정한 자유라고 말했다. 예를 들면, 물이 흐를 때 강의 형태에 따라 흐름이 달라지지만, 결국 바다로 향하는 것은 변하지 않는다. 하지만 강의 형태를 잘 이해하고 흐름을 조절하면 더 빠르고 수월하게 흘러가게 할 수 있다. 우리의 인생도 마찬가지다. 우리가 처한 조건을 부정하거나 외면하기보다 그것을 분석하고 이해해서 어떻게 활용하느냐에 따라 결과가 크게 달라질 수 있다.

어떤 사람이 예술가가 되고 싶지만 경제적 여건이 좋지 않다고 가정해보자. 운명론적 사고방식에서는 '나는 형편이 좋지 않으니 예술을 할 수 없는 운명이야'라고 단념할 것이다. 반면, 극단적인 자유의지론자는 '모든 것은 내 노력에 달려 있으니 분명히 할 수 있을 거야'라며 현실적인 제약을 무시한 채 무리한 도전을 이어갈 수도 있다. 헤겔의 관점에서 본다면, 이 사람은 자신의 경제적 환경이라는 필연성을 이해하고, 그 안에서 예술을 지속할 방법을 모색해야 한다. 낮에는 직업을 갖고 경제적 기반을 다지면서 밤에는 창작활동을 하거나, 장학금을 받을 수 있는 기회를 찾아보는 것이 그 방법이다.

운명을 이해하고 받아들이는 것은 운명에 순응하는 것과 같은 의미가 아니다. 운명을 진정으로 바꾸고 싶다면, 자신이 처한 조건을 깊이 이해하고 그것을 활용하는 방법을 찾아야 한다. 다음은 그 활용법들이다.

첫째, 나의 필연성을 인정하고, 그것을 자원으로 삼자.

많은 사람이 자신의 약점이나 한계를 운명으로 여기며 좌절한다. 하지만 헤겔은 필연성을 부정하는 것이 아니라 그것을 활용해야 한다고 보았다. 예를 들면, 키가 작다고 해서 운동선수가 될 수 없는 것은 아니다. 실제로 농구선수 중에는 신장이 작은 선수들도 있으며, 그들은 다른 강점을 개발해 작은 신장을 보완하는 기술을 갖추고 있다. 자신의 약점을 한계로만 보지 말고, 그것이 나만의 강점이 될 수 있도록 전략적으로 접근하는 자세가 필요하다.

둘째, 역사와 사회의 흐름을 읽고 변화의 기회를 포착하자.

헤겔은 역사는 개인의 의지로 바뀌는 것이 아니라 거대한 흐름 속에서 변화한다고 보았다. 개인이 운명을 바꾸려면, 자신이 속한 사회의 흐름을 이해하고 변화의 기회를 포착하는 것이 중요하다. 과거에는 평생을 보장해주는 직업이나 직장을 갖는 것이 안정적인 길이었지만, 현대에는 한 직업이나 직장이 결코 평생을 보장해주지 않는다. 그리고 기술의 발전에 따라 1인미디어나 AI 기술을 활용한 기회들이 열리며 새로운 일자리들이 늘어나고 있다. 사회의 변화 속에서 내가 어떤 위치에 있는지 파악하고, 미래를 준비하는 태도가 필요하다.

셋째, 운명을 바꾸기 위해서는 행동이 필요하다.

운명은 생각만으로는 바뀌지 않는다. 우리는 흔히 "기회가 오면 잡겠다"라고 말하지만, 기회는 기다린다고 오는 것이 아니다. 헤겔은 변증법의 원리에 따라 "모든 변화는 충돌과 대립 속에서 이루어진다"고 말했다. 즉, 우리가 새로운 변화를 원한다면, 기존의 익숙한 삶과 부딪히며 도전해야 한다. 새로운 직업을 찾고 싶다면, 적극적으로 네트워크를 형성하고 새로운 기술을 배워야 한다. 또 더 나은 인간관계를 원한다면, 기존의 관계를 돌아보고 정리할 관계와 계속 가져갈 관계를 분류하고 관계 맺는 방식에 대해 변화하려는 노력이 필요하다.

결국 운명이란 외부에서 정해주는 것이 아니라 우리가 필연성을 이해하고 그 안에서 선택하는 과정에서 형성된다. 헤겔은 "운명은 바꿀 수 없다"거나 "모든 것은 노력에 달려 있다"는 극단적인 사고에서 벗어나 운명을 적극적으로 받아들이고 활용하는 태도를 강조했다.

우리는 운명을 피할 수도, 또 완전히 거스를 수도 없다. 하지만 자신의 운명을 깊이 이해하고, 변화의 기회를 포착하며, 스스로 행동한다면 운명은 더 이상 우리를 가두는 틀이 아니라 우리가 스스로 만들어가는 길이 될 수 있다.

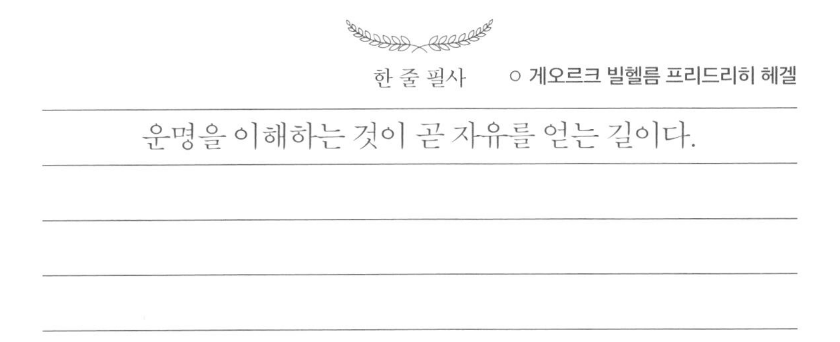

진정한 사랑은 책임에서, 진정한 평화는 만족에서 온다

"사랑은 생명이다. 내가 이해하는 모든 것은 내가 사랑하기 때문에 이해한다. 모든 것은, 모든 존재는 내가 사랑하기 때문에 존재한다."
– 레프 톨스토이, 《전쟁과 평화》

우리는 사랑을 감정적인 경험으로 여긴다. 누군가를 좋아할 때 사랑이라고 생각하고, 사랑이 끝나면 감정도 사라진다고 생각한다. 러시아의 대문호 레프 톨스토이는 사랑을 감정이 아니라 이해와 책임의 실천이라고 말했다.

진정한 사랑은 단순한 감정이 아니다. 부모의 자녀에 대한 사랑은 기쁨과 행복 때문이 아니라 자녀의 필요를 채워주고 보살피기 위해 헌신하는 과정에서 이루어진다. 연인관계에서도 마찬가지다. 연애 초기의 서로에게 끌리는 감정만으로 사랑이 지속되지 않는다. 시간이 지나면 상대의 부족한 점을 보게 되고, 때때로 실망하거나 갈등을 겪는다. 이때 진정한 사랑은 상대를 바꾸려 하기보다 이해하고 존중하는 태도에서 비롯된다.

우리는 사랑을 하면서도 쉽게 상처를 주고받는다. 상대가 나를 어떻게 대하는지에만 집중하고, 내가 사랑을 어떻게 실천할 수 있을지는 간과하는 경우가 많다. 톨스토이는 사랑이란 타인을 있는 그대로 받아들이고, 함께 성장하는 과정에서 완성되는 것이라고 보았다. 진정한 사랑은 감정이 아니라 상대를 향한 꾸준한 이해와 책임을 실천하는 행동이다.

그의 대표작《안나 카레니나》는 격정적 사랑이 책임감 없는 선택과 결합될 때 어떤 비극으로 이어지는지를 잘 보여주고 있다. 주인공 안나는 젊은 장교 브론스키와 사랑에 빠진다. 충동에 따라 가정을 버리고 사랑을 선택한 그녀는 점차 고립과 불안 속으로 빠져든다. 반면, 작품 속 또 다른 인물 레빈은 키티와의 관계에서 끊임없이 자신을 성찰하고, 사랑이란 상대에 대한 책임과 인내를 수반하는 것임을 깨닫는다. 톨스토이는 이 두 사람의 사랑을 대비시키며, 사랑은 감정의 크기로 판단할 수 있는 것이 아니라 상대를 이해하려는 끊임없는 노력과 함께 살아가겠다는 책임에서 비롯된다는 메시지를 전한다.

“행복한 가정은 모두 닮았지만, 불행한 가정은 저마다의 이유로 불행하다.” 톨스토이의 유명한 이 말 속에는 사랑을 지켜내는 일에는 반복되는 노력과 꾸준한 이해가 필요하다는 의미가 담겨 있다.

우리는 평화를 전쟁이 없는 상태 또는 사회적 갈등이 없는 상태로 이해한다. 하지만 톨스토이는 평화란 외부의 조건이 아니라 내면의 조화와 수용에서 비롯된다고 보았다. 그는 단순한 삶을 통해 평화를 실천해야 한다고 믿었으며, 우리가 세상을 바꾸려 하기 전에 먼저 자신의 내면을 돌보아야 한다고 말했다.

그는 단편《사람은 무엇으로 사는가》에서 "사람은 자기 안에 평화를 가질 때, 비로소 서로를 이해할 수 있다"는 메시지를 전달한다. 또한 이야기 속 인물들을 통해 타인을 판단하기 전에 먼저 자신을 돌아보는 태도, 그리고 외부의 조건보다 내면의 상태가 평화의 열쇠가 된다는 사실을 반복해서 말한다.

우리가 바라는 평화는 나 자신의 생각과 감정을 어떻게 다루느냐에 따라 결정된다. 외부세계가 아무리 변하더라도 내면이 흔들리지 않는다면 우리는 평온을 유지할 수 있다.

그렇다면 삶에서 어떻게 진정한 사랑과 평화를 실현할 수 있을까?

첫째, 사랑은 감정보다 행동으로 보여줘야 한다.

우리는 "사랑해"라고 상대에게 말해주는 것이 중요하다고 생각한다. 하지만 톨스토이는 진정한 사랑은 말이 아니라 행동으로 드러난다고 말했다. 가족, 친구, 연인과의 관계에서 사랑을 표현하는 가장 좋은 방법은 상대방이 필요로 하는 것을 알아보고, 그것을 실천하는 것이다. 진정한 사랑은 바로 관심과 배려다.

둘째, 평화를 위해 비교하는 습관을 줄이자.

우리는 타인의 삶을 부러워하고, 자신의 부족함에 집중할 때 불안을 느낀다. 하지만 진정한 평화는 나에게 주어진 것들을 받아들이고, 그 안에서 만족할 때 가능해진다. 톨스토이는 물질적 풍요보다 내면의 만족이 진정한 평화를 가져다준다고 말했다. 남들과 비교하는 대신 자신의 삶에서 가치를 찾는 것이 중요하다.

셋째, 용서를 통해 마음의 짐을 내려놓자.

우리는 인간관계에서 상처를 받고, 때로는 분노를 느낀다. 톨스토이는 용서를 통해 내면의 평화를 찾을 수 있다고 말했다. 누군가를 미워하고 원망하는 것은 결국 나 자신에게 상처를 주는 일이 된다. 용서는 상대방을 위한 것이 아니라 내 자신의 내면의 평화를 위한 것이다.

톨스토이의 중편 《이반 일리치의 죽음》은 바로 이 용서와 평화의 본질을 깊이 있게 보여준다. 주인공 이반은 법관으로서 평범하지만 체면과 허영심으로 가득 찬 삶을 살아간다. 그러나 죽음을 앞두고 그는 자신이 얼마나 '진짜 삶'에서 멀어졌는지를 자각하게 된다. 그는 죽음이 가까워질수록 분노하고 두려워하지만, 마지막 순간에 이르러 자신을 둘러싼 모든 것들을 용서하고 받아들인다. 그리고 비로소 평화를 느낀다. 그 순간 그는 더 이상 죽음을 두려워하지 않았고, 진정한 자유와 평화를 느끼며 세상을 떠난다.

톨스토이는 용서는 타인을 위한 도덕적 행위가 아니라 스스로를 해방시키는 과정이며, 내면을 정화하는 힘이라고 생각했다. 누군가를 용서한다는 것은 과거에 자신을 가두지 않겠다는 결심이며, 현재의 나를 있는 그대로 품겠다는 선언이다.

우리는 사랑이 부족한 사회에서 살아가고 있다. 많은 사람이 쉽게 분노하고, 타인을 미워하며, 삶이 불공평하다고 느낀다. 이로 인해 사회문제들이 갈수록 심각해지고 있다. 톨스토이의 말처럼 책임과 용서를 통해 사랑과 평화를 선택하는 것은 바로 우리의 몫이다.

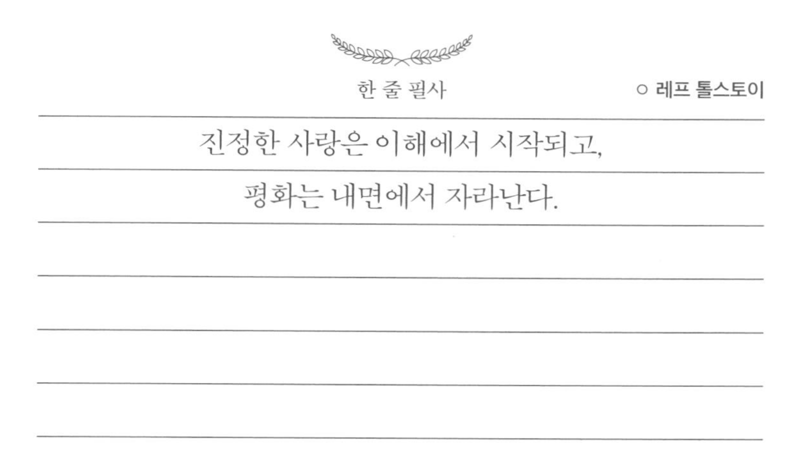

한 줄 필사 ○ 레프 톨스토이

진정한 사랑은 이해에서 시작되고,
평화는 내면에서 자라난다.

자신의 삶을 진정으로 사랑하는 것은 부조리한 세상에 대한 가장 큰 승리다

"부조리한 인간은 끝까지 살아가며 부조리한 세상 속에서 의미를 창조해낸다."

– 알베르 카뮈, 《시시포스 신화》

아무리 노력해도 원하는 결과를 얻지 못할 때, 사랑하는 사람을 잃고 실의에 빠질 때, 예상치 못한 큰 불행이 닥칠 때 우리는 "왜 이런 일이 나에게 일어나는 걸까요?"라고 하늘을 향해 묻는다.

프랑스 철학자이자 작가인 알베르 카뮈는 이러한 세상의 모습을 '부조리(Absurd)'라고 표현했다. 인간은 삶의 의미를 찾으려 하지만, 세상은 그에 대한 답을 주지 않는다. 우리는 언제든 예상치 못한 사고를 당할 수 있고, 원하지 않는 불행을 맞닥뜨릴 수도 있다. 또한 노력한다고 해서 반드시 보상이 따르는 것도 아니다.

카뮈는 우리가 부조리를 받아들이는 것이 오히려 자유를 가져다준다고 말했다. 우리는 삶이 반드시 공평할 것이라는 기대를 가지면 오히려 더 큰 실망을 하게 된다. 하지만 세상이 원래 불완전하고 예측할 수 없는 곳임을 인정하면, 더 이상 불공평함에 휘둘리지 않게 된다.

예를 들어, 직장에서 노력한 만큼 인정받지 못했다고 하자. "왜 이런 부당한 일이 나에게 생기는 거야?"라고 절망하고 한탄하기보다는 "이 세상은 원래 그런 곳이지"라고 받아들이는 순간, 우리는 더 이상 상처받지 않는다.

그러나 세상이 부조리하다고 해서 삶의 의미를 찾을 수 없는 것은 아니다. 카뮈는 우리가 스스로 의미를 만들어나가야 한다고 주장했다. 그는《시시포스 신화: 부조리에 관한 시론》에서 그리스 신화에 등장하는 시시포스를 예로 들어 인간은 부조리한 삶 속에서도 스스로 의미를 만들어가야 한다고 주장했다.

시시포스는 신들을 기만한 죄로 커다란 바위를 산 정상까지 밀어올리는 형벌을 받았다. 하지만 정상에 도착하자마자 바위는 다시 아래로 굴러떨어지고, 그는 바위를 다시 밀어올리는 일을 반복해야 한다. 고역이 되풀이되는 시시포스의 이러한 삶은 완전히 무의미하고 고통스럽게 보인다. 하지만 카뮈는 시시포스가 자신의 운명을 받아들이고, 그것을 자기만의 방식으로 살아가는 순간, 그는 더 이상 불행한 존재가 아니라고 말했다.

우리의 삶도 마찬가지다. 삶의 의미를 찾기 어려운 이유는 그 의미가 원래부터 정해져 있는 것이 아니기 때문이다. 우리는 각자 자기만의 방식으로 삶을 해석하고, 의미를 만들어나가야 한다. 어떤 사람에게는 가족과 함께하는 시간이 삶의 의미일 수 있고, 또 어떤 사람에게는 일이나 창작활동이 삶에서 큰 의미일 수 있다. 중요한 것은 그 의미를 남이 정해주는 것이 아니라 스스로 찾아야 한다는 점이다.

그렇다면 부조리한 세상 속에서 우리가 삶의 의미를 찾아낼 수 있는 방법은 무엇일까?

첫째, 완벽한 정의를 기대하지 말자.

우리는 세상이 공정하길 바라지만, 현실은 결코 그렇지 않다. 공정함을 기대하면 현실에서 부닥치는 각종 부조리에 크게 좌절하게 된다. 하지만 불공평함을 인정하면 더 이상 그것에 얽매이지 않고 앞으로 나아갈 수 있다. 또한 자신이 불공평함에 희생되지 않는 방법을 적극적으로 찾아갈 수 있다.

둘째, 자신만의 삶의 의미를 만들어가자.

우리는 삶에서 의미를 찾아야 잘 살아갈 수 있다. 하지만 그 의미는 외부에서 주어지는 것이 아니라 자신이 스스로 만들어가는 것이다. 일, 관계, 취미, 창작, 봉사 등 자신에게 의미를 줄 수 있는 무언가를 찾아보자. 중요한 것은 그 속에서 가치를 느끼고, 또 그것을 지속할 수 있어야 한다는 점이다.

셋째, 삶을 있는 그대로 받아들이고 즐기자.

카뮈는《반항하는 인간》에서 "인간은 자신의 운명을 받아들이는 순간, 더 이상 그것에 얽매이지 않는다"고 말했다. 우리는 세상의 부조리를 바꿀 수 없지만, 그것을 대하는 태도를 바꿀수 있다. 삶이 왜 무의미한지를 고민하기보다는 그 속에서 우리가 즐길 수 있는 것들을 찾는 편이 자신의 삶에 훨씬 도움이 된다.

공자는 "아는 것은 좋아하는 것만 못하고, 좋아하는 것은 즐기는 것만 못하다"고 말했다. 무엇을 함에 있어서 즐기는 것은 가장 큰 동기부여가 된다. 무엇이든 즐기는 것은 최고의 경지이자 포기하지 않고 끝까지 할 수 있는 원동력이 된다. 또한 삶을 잘 살아가기 위한 하나의 지혜이기도 하다.

카뮈는《시시포스 신화》에서 "우리는 부조리를 인식한 뒤에도 삶을 계속해야 한다. 그 자체가 하나의 반항이며, 의미다"라고 말했다. 세상은 우리가 원하는 대로 돌아가지 않을 때가 훨씬 많다. 하지만 우리가 자신의 삶을 진정으로 사랑하고 열정적으로 살아간다면, 그것이야말로 부조리한 세상에 대한 승리가 아닐 수 없다.

한 줄 필사

○ 알베르 카뮈

나는 부조리를 인정하지만,

그 속에서도 나만의 의미를 만들어간다.

우리가 스스로를 속이는 이유는 무엇인가?

"악은 평범한 얼굴을 하고 있다."

– 한나 아렌트, 《예루살렘의 아이히만》

우리는 어떤 행동을 할 때 옳다고 믿고 선택하지만, 나중에 돌아보면 잘못된 선택이었음을 깨달을 때가 있다. 그럴 때 대부분은 어쩔 수 없는 선택이었다고 스스로를 정당화하고, 불편한 진실을 회피하며, 자신의 행동은 문제가 없었다고 스스로를 속이기도 한다.

독일 출신 정치철학자 한나 아렌트는 이를 '자기기만(self-deception)'이라고 말했다. 그녀는 사람들이 도덕적 판단을 내릴 때, 깊이 고민하기보다는 관습이나 사회적 분위기에 따라 행동하는 경향이 있다고 지적했다. 특히 개인이 권력이나 사회의 압력 속에서 스스로를 속이는 순간, 그 선택이 거대한 악으로 이어질 수 있다고 경고했다.

아렌트는 나치 전범 아돌프 아이히만의 재판을 취재하면서 그가 자신을 악인이라고 여기지 않는다는 사실에 충격을 받았다. 아이히만은 "나는 명령을 따랐을 뿐이다"라고 말하며 자신의 행동을 정당화했다. 아렌트는 이를 '악의 평범성(Banality of Evil)'이라 명명했고, 자기기만이 어떻게 개인을 도덕적 책임에서 벗어나게 만드는지 분석했다.

우리는 우리의 행동이 스스로 결정한 것이라고 생각하지만, 실은 관습, 사회적 분위기, 집단적 사고에 휩쓸려 선택하는 경우가 많다. 그렇다면 우리는 어떻게 스스로를 속이지 않고, 도덕적 책임을 다할 수 있을까?

아렌트는 인간이 스스로를 속이는 가장 큰 이유는 생각하지 않기 때문이라고 보았다. 대부분의 사람은 다수의 의견을 그대로 받아들이거나, 사회적 규범을 따르는 것이 가장 안전하다고 생각한다. 하지만 어떤 문제 앞에서 깊이 고민하지 않고 관성적으로 생각하는 태도는 비도덕적인 행동을 정당화하는 결과를 초래할 수도 있다.

직장에서 윤리적으로 문제가 있는 결정을 내릴 때 개인은 보통 '이건 다들 하는 일이야'라며 그 결정을 따라가곤 한다. 또 정치적으로 부당한 일이 벌어질 때 사람들은 '어차피 내가 바꿀 수 있는 것이 아니야'라며 외면하는 경우가 많다. 이러한 무관심과 자기합리화가 쌓이면, 어느 순간 우리는 스스로가 무엇을 하고 있는지도 모른 채 타인의 결정에 따라 움직이게 된다.

아렌트는 이를 '생각 없음(thoughtlessness)'이라고 했다. 그녀는 우리가 깊이 고민하고 질문하는 태도를 가질 때 비로소 자신의 행동에 책임을 질 수 있다고 말했다.

그렇다면 우리가 스스로를 속이지 않기 위해 할 수 있는 것은 무엇일까?

첫째, 당연한 것을 의심하는 습관을 들이자.

우리는 일상에서 수많은 선택을 내린다. 하지만 그 선택들이 정말 자신의 신념에서 비롯된 것인지, 아니면 관성적인 생각이나 사회적 분위기에 휩쓸린 것인지 점검해볼 필요가 있다.

둘째, 어떤 선택을 할 때 스스로에게 질문을 해보자.

아렌트는 소크라테스의 방식처럼 우리가 결정을 내릴 때 '이 행동을 후회하지 않을까?' '내가 정말 옳다고 생각하는가?'와 같은 질문을 던지는 태도가 중요하다고 말했다. 그래서 평소에 남들이 하는 대로 따라가지 말고 스스로 깊이 생각한 뒤 행동하는 의지가 필요하다.

셋째, 나와 다른 의견을 열린 마음으로 들어보자.

우리는 본능적으로 자신의 의견을 강화하는 정보만을 받아들이려 한다. 하지만 다양한 시각을 접하지 않으면, 우리는 점점 더 편협한 사고방식에 갇히게 된다. 아렌트는 "생각하는 인간은 다양한 관점을 고려해야 한다"고 말했다. 정치, 사회, 도덕적 문제를 논의할 때 반대 의견을 경청하는 태도를 기르면, 자기기만에서 벗어나 보다 균형 잡힌 사고를 할 수 있다.

아렌트의 철학은 우리가 생각하는 것을 멈추는 순간 도덕적 해이에 빠질 수 있음을 상기시킨다. 자신의 행동에 책임을 지고, 남들이 하는 대로 무조건 따라가는 것이 아니라 스스로 깊이 사고하는 태도를 갖는 것이야말로 우리가 자기기만에서 벗어나 도덕적 판단을 할 수 있는 한 방법이다.

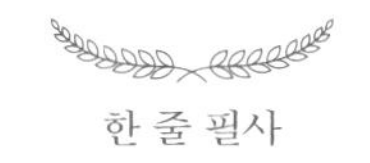

한 줄 필사

○ 한나 아렌트

자신을 속이지 않는 사람이야말로 진정한 자유를 가진다.

삶의 의미는 소유보다 존재에서 가치를 찾을 때 다가온다

"인간은 자기 존재의 의미를 끊임없이 찾아야 하며, 그것을 실현하는 것이 삶의 가장 높은 목표다."

– 에리히 프롬, 《소유냐 존재냐》

우리는 누구나 의미 있는 삶을 살고 싶어 한다. 그렇다면 과연 삶의 의미는 어디에서 오는 것일까?

심리학자이자 철학자인 에리히 프롬은 "인간은 존재하는 것 자체만으로는 충만함을 느끼지 못하며, 삶의 의미를 찾아야만 한다"라고 말했다. 그는 물질적 성공이나 사회적 지위가 아닌, 진정한 존재의 방식을 통해 의미 있는 삶을 만들 수 있다고 생각했다. 프롬은 우리가 진정한 자유와 사랑을 통해 자기 자신을 실현할 때 비로소 의미 있는 삶을 살 수 있다고 강조했다.

그렇다면 우리는 어떻게 삶의 의미를 찾고, 보다 충만한 삶을 만들어갈 수 있을까?

프롬은 그의 저서 《소유냐 존재냐》에서 "우리는 소유하는 방식으로 살 것인가, 존재하는 방식으로 살 것인가?"라는 중요한 질문을 던졌다. 그는 현대사회가 점점 더 '소유 중심적 가치관'으로 흐르고 있다고 비판하며, 진정한 삶의 의미는 소유가 아니라 존재하는 방식에서 온다고 말했다.

우리는 대부분 더 많은 돈, 더 높은 지위, 더 좋은 환경을 가지면 행복해질 것이라고 생각한다. 하지만 프롬은 이러한 '소유의 방식'이 우리를 진정으로 충만하게 만들지는 못한다고 지적했다. 일례로 우리는 최신 스마트폰을 사면 기분이 좋아지지만, 얼마 지나지 않아 새로운 모델이 나오면 다시 부족함을 느끼며 새로운 스마트폰으로 바꾸고 싶은 충동을 느낀다. 또 더 높은 직위에 오르면 만족할 것 같지만, 막상 그 자리에 오르면 또다시 더 높은 곳을 향한 욕망이 생긴다.

반면, '존재의 방식'으로 삶을 바라보면, 우리는 무엇을 얻는가가 아니라 어떤 사람으로 살아갈 것인가를 고민하게 된다. 프롬은 사랑, 창조성, 자아실현과 같은 가치들이 우리를 진정 의미 있는 삶으로 이끈다고 말했다. 만약 우리가 사랑을 '소유하는 것'으로 바라보면, 우리는 상대방을 독점하려 하거나 그 사람이 내 것이 되지 않으면 불안해한다. 하지만 사랑을 '존재하는 방식'으로 바라보면, 우리는 상대방을 존중하고, 함께 성장하는 과정에서 더 깊은 만족을 느끼게 된다.

다시 말해, 의미 있는 삶은 얼마나 많은 것을 소유했느냐가 아니라 내가 어떻게 존재하고, 어떤 방식으로 타인과 관계를 맺느냐에 달려 있다.

그렇다면 우리가 보다 의미 있는 삶을 만들기 위해서는 무엇을 해야 할까?

첫째, 소유보다 경험에 집중하자.

프롬은 우리가 소유의 방식을 버리고, 존재의 방식을 선택할 때 더 충만한 삶을 살 수 있다고 말했다. 일례로, 비싼 물건을 사는 것보다 의미 있는 경험을 쌓는 것이 중요하다. 돈을 모아 비싼 물건들을 사는 것보다 그 돈으로 여행을 가서 새로운 문화를 경험하는 편이 내면을 성장시키는 밑거름이 된다.

둘째, 타인과의 관계에서 소유가 아닌 존재를 추구하자.

우리는 인간관계를 맺을 때 소유의 방식으로 접근할 때가 많다. 만약 우리가 '저 사람은 내 친구니까 내 말을 들어야 해'라는 태도를 가진다면, 이는 소유적 관계가 된다. 하지만 건강한 관계는 타인을 소유하는 것이 아니라 함께 존재하는 것이다. 상대방을 있는 그대로 인정하고 존중할 때, 관계는 더욱 깊어질 수 있다.

셋째, 창조적인 삶을 살아가자.

프롬은 인간이 의미를 찾는 가장 중요한 방법 중 하나로 '창조성'을 꼽았다. 여기서 창조성이란 예술적인 재능을 의미하는 것이 아니다. 새로운 아이디어를 고민하고, 나만의 방식으로 세상을 바라보며, 스스로의 삶을 만들어나가는 태도를 뜻한다. 일상 속에서 창의적인 태도를 기르면, 더욱 주체적으로 삶을 살아갈 수 있다.

삶의 의미는 자신이 스스로 만들어가는 것이다. 프롬의 철학은 "소유하려 하지 말고, 존재하는 법을 배워라"라는 삶에 대한 중요한 메시지를 던진다. 더 많은 것을 가지려 하기보다 내가 어떤 사람으로 살아갈 것인지, 또 어떻게 삶을 살 것인지 고민하고, 사랑과 창조성을 통해 나를 실현할 때 우리는 비로소 의미 있는 삶을 완성해갈 수 있다.

마크 트웨인은 다음과 같이 말했다. "당신 인생에서 가장 중요한 두 가지 날이 있다. 하나는 당신이 태어난 날이고, 또 하나는 그 이유를 깨닫는 날이다." 삶의 의미와 목적을 찾는 일은 바로 자기 자신에게 달려 있다.

한 줄 필사

○ 에리히 프롬

진정한 삶의 가치는 우리가 무엇을 가졌느냐가 아니라

어떻게 존재하느냐에 달려 있다.

기억은 정체성을 이루는 기반이다

"기억은 존재의 의미를 지탱하는 근거다."

– 폴 리쾨르, 《기억, 역사, 망각》

우리는 누구나 과거를 가지고 있다. 과거는 흘러가버린 시간이지만, 동시에 현재의 나를 만든 재료이기도 하다. 누군가 나에게 "당신은 누구입니까?"라고 물었을 때, 우리는 현재의 직업이나 성격뿐만 아니라 과거에 겪었던 사건들, 잊지 못할 순간들, 때로는 고통스러웠던 기억들을 함께 떠올리게 된다.

프랑스 철학자 폴 리쾨르는 기억이 곧 정체성의 핵심이며, 인간 존재의 지속성을 가능하게 하는 기반이라고 보았다. 리쾨르는 자신의 대표작 《기억, 역사, 망각》에서 이렇게 말했다. "기억은 과거를 보존하는 행위가 아니라, 존재의 의미를 지탱하는 근거다." 인간은 기억을 통해 자아를 구성하며, 기억이 없으면 '나'라는 존재

자체도 무너진다.

하지만 리쾨르는 기억이 늘 진실을 보존하는 것은 아니라고 지적했다. 그는 기억은 언제나 왜곡 가능하며, 망각은 피할 수 없는 현상임을 강조했다. 어떤 사건은 강렬하게 각인되지만, 어떤 기억은 점차 희미해지고, 또 어떤 것은 의도적으로 지워지기도 한다. 리쾨르는 이를 '기억의 취약성'이라 표현하며, 이것이 때로는 개인의 치유를 돕기도 하고, 사회적 갈등을 유발하기도 한다고 말했다.

예를 들면, 어린 시절 겪은 왕따와 따돌림의 기억은 수십 년이 지난 후에도 그 사람의 자존감과 대인관계에 큰 영향을 미친다. 하지만 어떤 기억은 너무 아파서 의식 아래로 밀어두기도 한다. 그것은 그 사실을 잊은 게 아니라 잊지 않기 위해 애쓰는 하나의 방식이다.

2018년 미국 텍사스 케이티 교육구의 이사회 청문회에서 벌어진 사건은 이 말의 무게를 실감하게 한다. 그렉 배럿이라는 남성은 증인으로 출석해 자신이 45년 전 중학교 시절 심각한 괴롭힘을 당했다고 증언했다. 그는 "당신은 내 머리에 소변을 본 가해자였다"고 말하며, 바로 앞에 앉아 있던 당시의 가해자이자 현재는 교육감이 된 랜스 힌트를 지목했다. 그는 그 기억이 수십 년 동안 자신을 따라다녔으며, "지금 이 자리에서 말하는 것도 수치스럽지만, 더 이상 침묵할 수 없었다"고 말했다. 이 장면은 유튜브 영상으로 공개되었고, 수많은 사람들에게 '기억은 사라지지 않는다'는 사실과

'침묵된 고통은 언젠가 반드시 말해질 수밖에 없다'는 진실을 강하게 각인시켰다. 괴롭힘은 과거의 일이지만, 기억은 '지금 여기'에서 여전히 작동하고 있었던 것이다.

한 사회도 마찬가지다. 독일은 나치 시절의 만행과 홀로코스트를 국가 차원에서 기억하고, 이를 미래 세대에게 전하기 위해 체계적으로 교육하고 기념한다. 그 중심에는 '기억의 윤리'가 자리하고 있다. 독일은 과거를 단지 과거의 일로 묻지 않고, 반복하지 않기 위해 반드시 기억해야 할 것으로 인식한다.

베를린 중심부에 위치한 '홀로코스트 추모 기념관'은 그 대표적 상징이다. 2,711개의 회색 콘크리트 기둥들이 마치 무표정한 무덤처럼 도열해 있는 이 공간은 방문자가 그 안을 걸을 때 점점 깊어지는 협소함과 고립감을 느끼도록 설계되어 있다. 이는 단순한 정보 전달이 아닌 감각을 통한 역사적 체험을 유도하는 구조다.

또한 독일 전역에는 '슈톨퍼슈타인(Stolpersteine, 걸림돌)'이라는 이름의 작은 황동 조각이 설치되어 있다. 이들은 나치에 의해 희생된 유대인, 장애인, 정치범 등이 살았던 주소 앞 보도에 박혀 있으며, 위에는 그들의 이름, 생년, 추방일, 수용소, 그리고 사망일이 새겨져 있다. 이 작지만 무거운 걸림돌은 길을 걷다 고개를 숙이게 만들고, 일상의 공간에서 역사를 느끼게 한다. 이처럼 독일은 잘못된 역사를 숨기지 않고, 사회 전체가 기억을 공유하며 책임을 나누는 방식을 선택했다. 이는 과거를 되풀이하지 않기 위한 수단일 뿐만 아니라 '기억하는 사회가 곧 윤리적인 사회'라는 신념의 실천이기도 하다.

반면, 우리는 아직도 한국 현대사 속의 상처들을 온전히 기억하지 못하는 상태에 있다. 특히 위안부 문제는 여전히 해결되지 못한 아픈 역사로 남아 그 기억을 둘러싼 해석과 책임이 여전히 분열되어 있다.

오늘날 우리는 수많은 정보를 접하지만, 정작 깊이 있게 기억하는 일은 점점 줄어들고 있다. SNS에 올라온 비극적인 사고 소식도 잠시 슬퍼하다 다음 날이면 잊힌다. 리쾨르는 기억하는 것보다 기억하는 방식을 성찰하라고 강조했다. 기억이 누구에 의해, 어떤 방식으로 구성되는지 질문하지 않으면, 기억은 언제든 조작과 왜곡의 도구가 될 수 있다.

그렇다면 우리는 리쾨르의 철학을 어떻게 삶에 적용할 수 있을까?

첫째, 나의 기억이 곧 나의 이야기임을 자각하자. 기억은 단순한 회상이 아니라 정체성의 서사다. 내 삶에서 중요한 기억을 떠올려보자. 그 안에는 내가 무엇을 중요하게 여기는 사람인지, 어떤 가치를 가진 사람인지가 담겨 있다.

둘째, 공동체의 기억을 존중하고 질문하자. 우리가 사는 사회는 어떤 기억을 남기고, 어떤 기억을 지우려 하는가? 한국 사회는 식민지 경험, 전쟁, 독재, 민주화 운동이라는 복잡한 기억을 가지고 있다. 이를 어떻게 기억하느냐는 앞으로 우리 사회가 어떤 사회로 나아갈지를 결정한다. 역사를 학습하는 일은 단순한 정보 축적이 아니라 '기억의 윤리'에 동참하는 일이다.

셋째, 망각의 유혹을 경계하자. 잊고 싶은 기억도 있고, 지워버리고 싶은 과거도 있다. 리쾨르는 망각이 필요한 순간도 있지만, 반복을 막기 위해선 기억이 필수적이라고 말했다. 고통스러운 기억을 감정이 아니라 이해를 통해 받아들이는 연습이 필요하다. '잊는 것'과 '외면하는 것'은 엄연히 다르다.

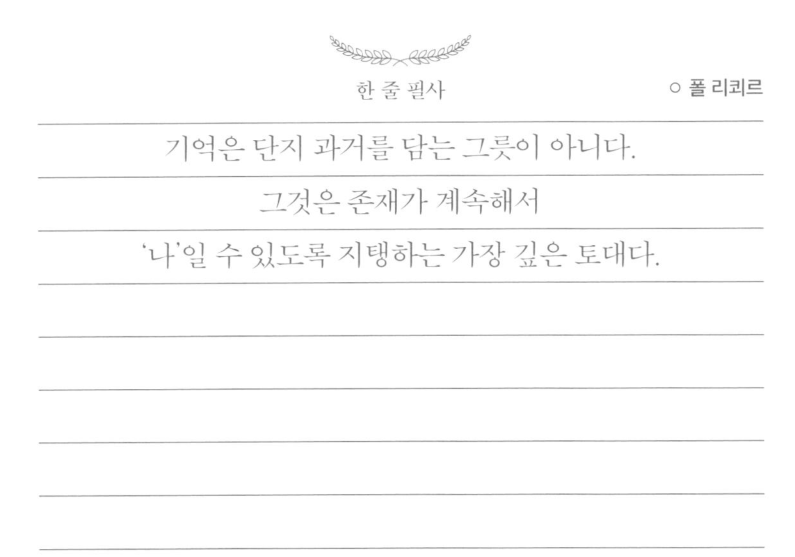

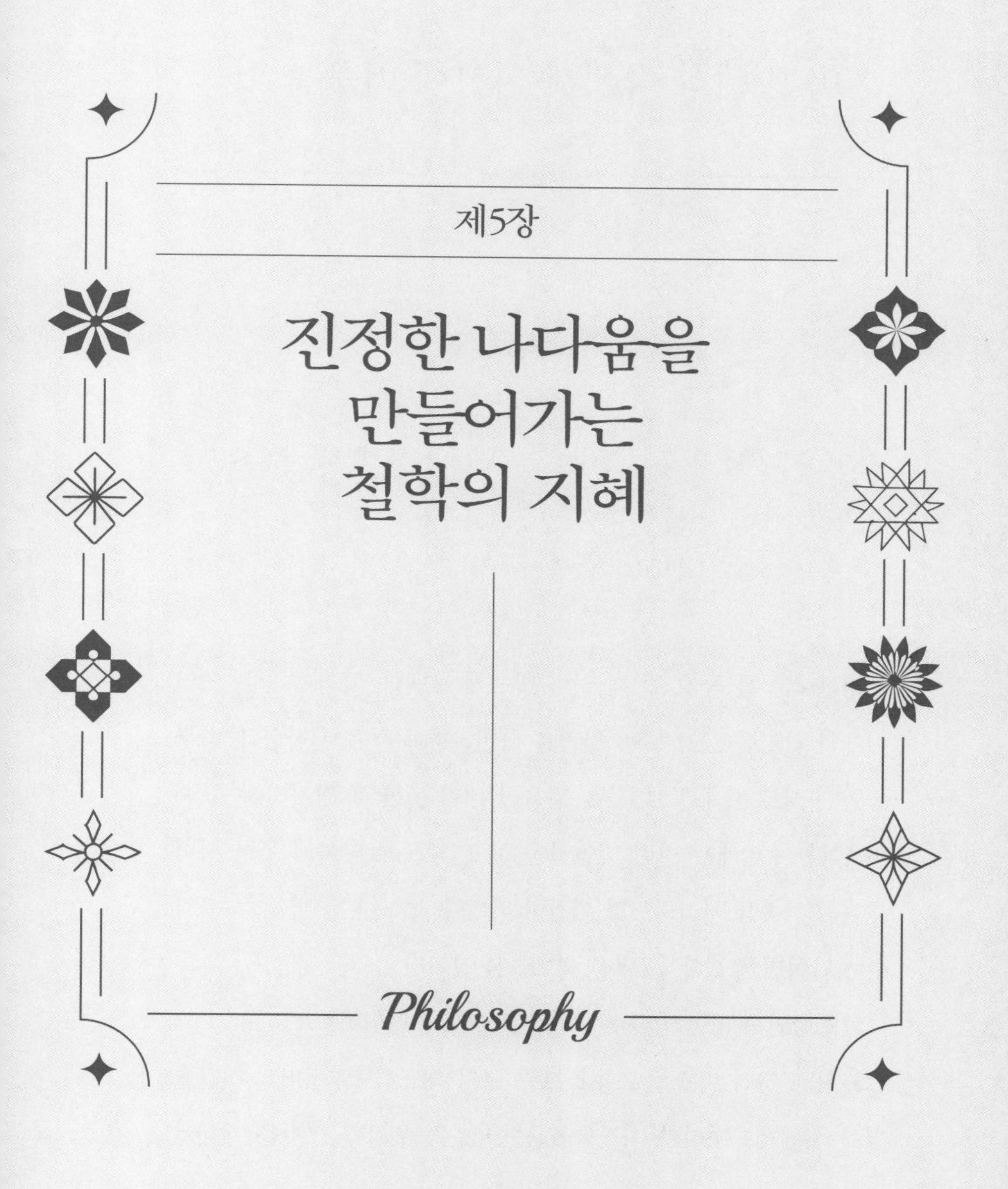

제5장

진정한 나다움을 만들어가는 철학의 지혜

Philosophy

바쁜 일상 속에서 시간에 머무는 법

"진정한 발견은 새로운 풍경을 보는 것이 아니라 새로운 눈으로 보는 것이다."

– 마르셀 프루스트,《잃어버린 시간을 찾아서》

우리는 하루를 눈코 뜰 새 없이 바쁘게 보낸다. 아침에 눈을 뜨면 시계의 알람을 끄고, SNS 알림을 확인하며 하루를 시작한다. 하루 종일 수시로 시계를 보고, 할 일을 끝내지 못한 채 잠자리에 들 때가 많다. 주말에는 밀린 집안일을 하고, 주중에 만나지 못한 사람들과의 약속을 처리하느라 여전히 바쁘다. 누구나 한 번쯤 "하루가 48시간이면 좋겠다"는 말을 해보았을 것이다.

그렇다면 우리는 정말로 시간을 잃어버린 것일까?

프랑스 작가 마르셀 프루스트는 그의 대표작《잃어버린 시간을 찾아서》에서 "우리가 시간을 잃는 이유는 우리가 그것을 제대로 살지 않기 때문이다"라고 말했다. 우리가 순간을 흘려보내고, 지금 이 순간을 온전히 느끼지 못하면 시간이 의미 없이 흘러간 것처럼 느껴진다.

시간은 누구에게나 동일하게 주어진다. 하지만 어떤 사람은 그 시간을 채우고, 또 어떤 사람은 놓쳐버린다. 프루스트는 우리가 시간을 잃는 것은 기억하지 못하기 때문이며, 의미를 붙이지 않기 때문이라고 말했다.

프루스트는 일상의 반복이 시간을 흐리게 만든다고 생각했다. 매일 같은 길을 걸으며 같은 일을 하고, 익숙한 대화만을 나누는 삶 속에서 우리는 감각이 무뎌지고 감정이 낡아간다. 아침을 먹고, 출근하고, 퇴근하고, 집에 돌아오는 그 하루가 어제와 다르지 않게 느껴진다면, 우리는 시간 속에 사는 것이 아니라 시간 옆을 스쳐 지나가고 있는 것일지도 모른다.

프루스트는 어느 날 홍차에 적신 마들렌 한 조각의 맛에서 오래전 어린 시절의 풍경을 떠올렸다. 그 순간의 감각은 기억을 불러왔고, 잃어버린 시간이 되살아났다. 그는 이 경험을 통해 '진정한 시간은 시계의 바늘이 아니라 기억과 감각 속에 존재한다'는 사실을 깨달았다.

우리도 어느 순간 음악 한 소절, 오래된 사진 한 장, 향기로운 커피 한 모금에서 과거의 어떤 순간으로 돌아가곤 한다. 그때의 감정, 냄새, 풍경이 생생하게 되살아날 때, 우리는 그 시간을 다시 사는 경험을 하게 된다. 프루스트는 바로 이 순간들이 잃어버렸다고 믿었던 시간을 되찾는 방법이라고 말했다.

프루스트의 말처럼 시간은 어디로 사라지는 것이 아니라 우리의 무감각한 일상 속에서 잠들어 있을 뿐이다. 우리가 그 순간을 다시 느끼고, 되새기고, 의미를 부여한다면 시간은 다시 우리 곁으로 돌아오게 된다.

그렇다면 우리는 삶에서 시간을 다시 찾기 위해 어떻게 해야 할까?

첫째, 감각을 깨워 일상을 느끼자.

프루스트는 마들렌 한 조각의 향이 인생의 한 시절을 되살릴 수 있다고 말한다. 그래서 바쁜 하루 속에서도 감각을 놓지 말자. 계절이 바뀌는 공기의 결, 아침 햇살의 색감, 커피의 온도, 누군가의 말투와 눈빛. 이런 소소한 것들을 의식하며 살아가는 순간 우리는 다시 시간을 살기 시작하게 된다.

둘째, 기억을 되새기며 시간을 복원하자.

프루스트는 기억이야말로 시간을 되찾는 열쇠라고 말했다. 그런 의미에서 과거를 회상하는 일은 단순히 향수에 젖는 것이 아니다. 지나간 일기를 들추어 보거나 사진을 정리하면서, 또는 친구와 오래전의 일에 대한 이야기를 나누면서 잊고 지냈던 시간들을 다시 만날 수 있다. 기억은 과거를 되살리는 동시에 현재를 더 깊이 살아가게 해준다.

셋째, 일상의 반복 속에 작은 차이를 만들어보자.

매일 가던 길에서 다른 길로 돌아가거나, 점심 메뉴를 바꿔보거나, 출근길 음악을 바꿔보는 작은 변화는 감각을 깨우고, 시간을 특별하게 만든다. 새로운 경험이 꼭 거창한 여행이나 사건일 필요는 없다. 지금 이 순간을 다르게 바라보는 시도만으로도 우리는 시간의 흐름 속에서 깨어 있을 수 있다.

시간은 언제나 우리 곁에 있다. 문제는 우리가 그 시간을 어떻게 대하느냐에 달려 있다. 프루스트는 "진정한 발견은 새로운 풍경을 보는 것이 아니라 새로운 눈으로 보는 것"이라는 깨달음을 우리에게 던져준다. 지금 우리가 사는 하루도 어제와 똑같은 하루가 아니다. 우리가 그것을 어떻게 바라보느냐에 따라 시간은 그냥 사라질 수도 있고, 반대로 되살아날 수도 있다.

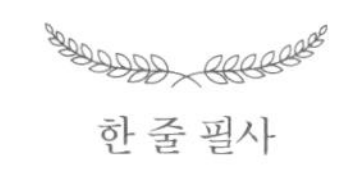

한 줄 필사 ○ 마르셀 프루스트

시간을 찾는다는 것은 결국 나를 다시 찾는 일이다.

죄책감은 우리를 더 나은 인간으로 이끄는 깊은 통로다

"고통은 의식의 유일한 근원이다."

– 표도르 도스토옙스키, 《죄와 벌》

우리는 살면서 누구나 후회할 만한 일을 하게 된다. 직장에서 무심코 던진 말 한마디가 동료에게 큰 상처를 줄 수도 있고, 가까웠던 친구에게 서운하게 대해서 관계가 끊어질 수도 있다. 겉으로는 아무 일도 없었던 것처럼 지나갔지만, 마음 한구석에 "그때 왜 그랬을까?" 하는 미안함과 죄책감이 맴돌 때가 있다.

러시아 문학의 거장 도스토옙스키는 《죄와 벌》에서 그런 인간 내면의 갈등을 파고들어 그리고 있다. 주인공 라스콜니코프는 자신이 저지른 범죄를 외면하고 합리화하려는 인간의 심리를 극단적으로 보여준다. 그는 "나는 정의를 위해 행동한 거야"라고 말하지만, 점점 더 불안과 고립, 공허함에 시달린다. 라스콜니코프는 '비범인 이론'을 주장하며, 위대한 인간은 법과 도덕을 초월할 수 있다고 믿는다. 그는 자신이 그런 존재라고 확신하며, 사회에서 무가치한 존재라고 생각하는 노파를 살해한다. 그는 처음에는 당당했지만, 시간이 지날수록 죄책감과 혼란 속에서 무너져간다. 육체적으로는 열병에 시달리고, 정신적으로는 극심한 불안과 피해망상에 빠지고, 타인과는 단절한다. 그는 자신을 사랑하는 가족조차 밀어내며, 고립 속에서 점점 더 깊은 어둠으로 들어간다. 이러한 혼돈 속에서 그는 내면 어딘가에서 '고통이 나를 살릴지도 모른다'는 희미한 감각을 느끼게 된다.

자신의 범죄를 고백하고 고통을 받아들이기 전까지 그 어떤 위로도, 합리화도 라스콜니코프의 영혼을 구원하지 못한다. 결국 그는 죄를 고백하고 시베리아로 유배된다. 그곳에서의 고된 삶과 끝까지 자신을 기다린 소냐의 사랑 속에서 그는 진정으로 회개하고 인간성을 회복해간다. 라스콜니코프의 변화는 인간이 고통을 통해 자신을 돌아보고, 다시 살아갈 힘을 얻는 과정을 상징적으로 보여준다.

도스토옙스키는《죄와 벌》을 통해 우리에게 다음과 같은 메시지를 던졌다. "진정한 벌은 외부에서 주어지는 것이 아니라 자기 내면에서 시작된다. 그리고 그 벌을 피하지 않고 마주할 때 우리는 진짜 성장을 시작할 수 있다."

인간사회에서 '죄'는 살인이나 큰 범죄만을 의미하지 않는다. 친구의 진심을 외면했을 때, 부모님의 말에 짜증을 냈을 때, 후배의 실수를 덮어주지 못했을 때, 우리는 때때로 '죄의식'을 느끼게 된다. 그런 감정은 무거운 짐처럼 느껴질 수 있지만, 그 죄책감이야말로 우리를 더 나은 사람으로 이끄는 출발점이 될 수 있다.

도스토옙스키는 인간의 내면에는 양심이라는 나침반이 있다고 보았다. 그 나침반은 언제나 옳은 방향을 가리키고 있지만, 우리는 외면하고 싶을 때가 많다. 그러나 그러한 외면이 결국 우리를 방황하게 한다. 잘못을 인정하는 순간은 불편하고 고통스럽지만, 그 고통은 진짜 변화를 위한 문을 여는 열쇠다.

가까운 사람에게 상처를 주었다는 것을 깨달았을 때, 그것을 모른 척하거나 별일 아니었다고 그냥 넘기기보다 진심 어린 사과 한 마디를 건넨다면, 그 관계는 이전보다 더 깊어질 수 있다. 또 스스로 실망스러웠던 행동이 있다면 그 감정을 억누르기보다 왜 그랬는지 돌아보고 다음에는 어떻게 다르게 행동할 수 있을지를 생각해보는 태도는 죄책감을 성장으로 바꾸는 시작점이 된다.

그래서 우리는 죄와 벌을 긍정적으로 받아들일 필요가 있다. 다음의 방법을 통해 그것을 삶 속에서 실천해보자.

첫째, 자신의 잘못을 덮지 말고, 조용히 마주하자.

우리는 보통 실수를 감추거나 무시하려고 한다. 하지만 감추면 감출수록 마음의 무게는 더 커진다. 그럴 때는 조용히 자신에게 질문을 던져보자. '그때 왜 그랬을까?', '내가 다시 돌아간다면 어떻게 행동할까?' 이렇게 스스로에게 솔직해지는 시간은 고통스럽지만, 동시에 자신을 더 단단하게 만든다.

둘째, 용기 내어 진심으로 사과해보자.

사과의 한마디는 관계를 회복시키는 연결고리다. 진심 어린 메시지 하나, 사소한 배려 하나로도 상대의 마음은 바뀔 수 있다. 그리고 그 순간 나 자신에 대한 자존감도 회복된다. 죄책감을 안고 살아가는 것보다 그것을 행동으로 풀어내는 편이 훨씬 건강한 삶이다.

셋째, 실수는 나쁜 사람이기 때문이 아니라 불완전한 사람이기 때문에 생긴다는 점을 기억하자.

우리는 누구나 실수를 저지른다. 중요한 사실은 그 실수를 통해 자신을 더 잘 알게 되고, 더 나은 선택을 할 수 있는 계기가 된다는 것이다. 다음에 비슷한 상황이 오면 '그때와는 다르게 해보자'는 변화만으로도 큰 의미가 있다.

도스토옙스키는 '죄책감을 부정하지 말고, 그 감정을 끌어안아 보세요. 그것은 고통이 아니라 나를 성장시킬 수 있는 불씨이기 때문입니다'라는 메시지를 우리에게 던지고 있다.

잘못은 우리를 규정하지 않는다. 그 잘못을 어떻게 다루느냐가 우리의 사람됨을 만든다.

한 줄 필사

○ 표도르 도스토옙스키

죄책감은 고통스럽지만, 그것이 우리를 더 나은 존재로 이끄는 가장 깊은 통로일 수 있다.

자유와 권력은 반드시 충돌하는 관계인가?

"자유란 사람들이 듣기 싫어하는 말을 할 수 있는 권리다."

– 조지 오웰,《동물농장》미발표 서문

우리는 흔히 자유와 권력을 서로 반대되는 것으로 이해하고, 권력은 억압이고, 자유는 저항이라는 공식을 떠올린다. 뉴스에서 '권력 남용', '표현의 자유 침해'와 같은 단어를 들을 때마다 자유와 권력은 충돌할 수밖에 없는 존재처럼 느껴진다.

하지만 우리가 살아가는 일상을 떠올려보면 꼭 그렇지만은 않다. 회사에서도, 가정에서도, 친구 사이에서도 누군가는 결정권을 갖고 있고, 누군가는 그에 따라야 할 때가 있다. 아이는 부모의 보호 속에서 자유를 배운다. 직장에서는 상사의 리더십이 팀원들의 자율성을 키우기도 한다. 이처럼 권력이 반드시 자유를 억압하는 것은 아니다. 중요한 사실은 바로 권력이 어떻게 쓰이느냐다.

조지 오웰은 소설 《1984》에서 감시와 통제의 권력을 비판했지만, 동시에 "자유는 듣기 싫은 말도 허용하는 것"이라며 진짜 권력은 자유를 견딜 수 있는 성숙한 태도에 있다고 말했다. 주인공 윈스턴은 '빅 브라더' 체제 아래 철저히 감시를 당하며 살아간다. 그가 하는 말, 쓰는 글, 심지어 마음속 생각까지 '사상경찰'에 의해 검열당하고, 당의 공식 언어인 '뉴스피크'는 점점 표현의 범위를 줄여간다. 사람들은 점차 생각할 능력을 잃어버리고, 체제가 원하는 진실만을 받아들이게 된다.

오웰은 "2 더하기 2는 5"라는 명제를 강제로 받아들이는 장면을 통해 말과 진실, 자유의 붕괴가 어떤 파국을 초래하는지를 적나라하게 보여준다. 오웰이 경고한 것은 외부의 통제가 아니다. 그는 자유란 모두가 듣고 싶어 하는 말이 아니라 오히려 불편한 진실을 마주하게 해주는 용기가 있는 공간에 존재한다고 강조했다. 그리고 그런 공간이 사라진 사회에서는 권력은 언제든 진실을 조작하고, 사고를 금지하며, 결국 인간성 자체를 파괴하게 된다.

《1984》는 오늘날의 우리에게도 이렇게 묻고 있다. "당신은 누군가의 말이 불편하더라도, 그 말이 존재할 자유를 인정할 수 있는가?" 진정한 자유란 내가 옳다고 생각하는 말뿐 아니라, 내가 듣기 싫은 말조차도 존재할 수 있도록 허용하는 태도를 통해 시작된다.

그리고 우리 삶에 필요한 것은 권력 없는 자유가 아니라 자유를 키워주는 건강한 권력이다. 관계 속의 권력은 안전을 만들어줄 수 있기 때문이다. 친구들과의 모임을 보면 한 사람이 자연스럽게 중심이 되는 경우가 많다. 그는 장소를 정하고, 분위기를 이끌고, 불편한 공기를 풀어주기도 한다. 겉으로는 그가 권력을 가진 것처럼 보일 수 있지만, 그는 그 권력을 함께 즐기기 위한 도구로 쓰고 있는 셈이다.

또 다른 예를 들어보자. 자녀와 부모의 관계에서 부모는 권위를 갖고 있다. 하지만 그 권위가 "무조건 내 말 들어!"라는 식으로만 작동한다면 아이의 자율성은 자라나기 어렵다. 반대로 아이의 의견을 듣고 존중하면서 중요한 순간에는 단호하게 방향을 잡아주는 부모라면, 그 권위는 아이에게 자유를 주는 울타리가 된다.

우리가 불편해하는 것은 권력 그 자체가 아니라 권력을 소유한 사람이 그것을 어떻게 쓰느냐에 있다. 건강한 권력은 상대의 자유를 빼앗지 않고, 오히려 상대가 더 자유로워질 수 있도록 돕는다.

상대의 자유를 키워주는 권력은 우리도 삶에서 실천할 수 있다.

첫째, 내가 가진 작은 권력을 돌아보자.

우리는 모두 누군가에게 영향을 줄 수 있는 위치에 있다. 후배에게 조언을 건네거나, 가족 내에서 의견을 내거나, 혹은 SNS에서 말을 할 때조차도 어떤 위치에 서게 된다. 그때 나는 상대가 더 자유롭게 말할 수 있도록 공간을 열어주고 있는지, 아니면 나의 말로 상대를 주눅 들게 하고 있지는 않은지 돌아보자.

둘째, 자유로운 분위기를 만드는 사람이 되자.

말을 잘하는 사람보다 말하기 편한 사람이 사람들의 호감을 사게 된다. 회의 자리에서 모두가 눈치를 보고 있을 때, "당신은 어떻게 생각하시나요?"라고 한마디 물어봐주는 사람이 되자. 가족이 조심스레 꺼낸 말에 "그건 안 돼" 대신 "왜 그렇게 생각했어?"라고 질문해보자. 그러한 배려를 품은 권력이 다른 사람의 자유를 끌어올릴 수 있다.

셋째, 내 자유도 누군가의 덕분에 가능하다는 사실을 잊지 말자.

우리가 자유롭게 일하고, 말하고, 행동할 수 있는 데는 수많은 사람의 보호와 배려가 있다. 교사, 상사, 선배, 부모, 친구의 다정한 권력이 내 안에 자유의 싹을 틔워줬다는 사실을 기억하자. 그리고 그 기억으로 이제는 다른 사람의 자유를 키워주도록 하자.

자유와 권력은 언제나 대립하는 관계가 아니다. 건강한 권력은 자유를 품을 줄 알고, 자유로운 사람은 권력을 경계하면서도 존중할 줄 안다. 조지 오웰의 말처럼 자유는 누군가의 말이 불편해도 그 말을 들을 수 있는 태도에서 시작된다. 그리고 그런 자유를 누리기 위해서는 누군가는 안정적인 질서를 만들고, 누군가는 먼저 손을 내밀어야 한다.

한 줄 필사

○ 조지 오웰

진짜 자유는 내가 다른 사람의 자유를
키워주는 순간에 완성된다.

나의 기록은 내 역사의 흔적이 된다

"사람은 죽음으로 마감되지만, 이름은 영원히 남는다."

— 사마천, 《사기》

중국 역사가 사마천은 《사기》라는 방대한 역사서를 집필하며 다음과 같은 질문을 던졌다.

"어떻게 죽을 것인가, 그리고 어떤 이름을 남길 것인가."

사마천은 부친의 유지를 받들어 생식기를 제거하는 궁형이라는 엄청난 형벌과 수모를 견디며 《사기》를 완성했다. 그는 글을 쓰기 위해서, 그리고 누군가의 삶을 온전히 기록하는 일을 완성하기 위해서 자신의 삶을 바쳤다. 그는 "사람은 언젠가 죽지만, 남겨진 기록은 그 사람의 흔적을 이어간다"라는 사실을 알고 있었다.

사마천은 《사기》에서 이름 없는 인물들의 삶까지도 소중히 다뤘다. 황제나 장수들뿐만 아니라 작은 일에도 신념을 지킨 사람들,

묵묵히 자신의 삶을 살았던 인물들도 역사에 함께 기록했다.

이런 점에서 사마천의 철학은 지금 우리에게 "당신의 삶은 어디에 남아 있습니까?"라는 중요한 질문을 던진다. 우리는 꼭 책을 쓰거나, 위대한 업적을 세워야만 삶의 흔적을 남길 수 있는 것은 아니다. 다이어리에 적은 이야기들, 하루를 기록한 블로그, 혹은 SNS에 남긴 단상들, 이런 것들이 모여 나라는 사람의 온기와 결을 담은 삶의 흔적이 된다.

제2차 세계 대전 당시 나치 독일이 자행한 홀로코스트의 피해자였던 안네 프랑크는 전쟁 당시 열세 살의 소녀였는데, 《안네의 일기》를 통해 자신의 기록을 세상에 남겼다. 2년 넘게 비밀 공간에 숨어 지내며 쓴 그녀의 일기에는 전쟁, 공포, 희망, 가족, 인간에 대한 깊은 사유가 가득하다. 그녀는 당시 자신이 단지 평범한 십대 소녀일 뿐이며 언젠가 일기가 사라질지도 모른다는 불안을 느끼면서도 매일의 삶을 진심을 다해 기록했다. 그리고 그 기록은 그녀의 죽음 이후에도 살아남아 전 세계 수많은 이들에게 전쟁과 인간성에 대한 깊은 울림을 주고 있다. 또한 역사적인 기록물로 인정받아 세계기록유산에 등재되었다. 안네는 위대한 업적을 남긴 것이 아니라 있는 그대로의 자신을 남겼다. 하지만 그것이야말로 진짜 삶의 흔적이며, 사마천이 말한 "죽음 이후에도 이름이 남는다"는 그 증거다.

이것은 우리도 마찬가지다. 진심을 담아 기록하고, 나의 시간을 충실히 살아가는 것, 그것이 나라는 사람의 존재를 세상에 남기는 방식이 될 수 있다.

그렇다면 나의 삶의 흔적을 더 오래 남길 수 있는 방법은 무엇이 있을까?

첫째, 나의 하루를 글로 남겨보자.

오늘 하루 어떤 일이 있었는지, 어떤 감정을 느꼈는지 짧게라도 써보자. '오늘 파란 하늘이 참 예뻐서 내 눈에 가득 담았다'는 문장 하나에도 내 하루의 빛깔이 담겨 있다. 글은 기억보다 오래 남는다. 그리고 시간이 지나 그것을 다시 읽을 때, 그 순간의 나를 다시 만날 수 있다.

둘째, 누군가의 기억에 남을 행동을 해보자.

내가 누군가에게 건넨 말, 행동, 태도는 종종 나보다 오래 기억된다. 말 한마디라도 진심을 담아보자. 누군가에게는 그 한마디가 커다란 위로가 되어 길이 남을 수도 있다. 특별한 이벤트가 아니더라도 진심은 흔적을 남긴다.

셋째, 흔적을 두려워하지 말고 소중히 여겨보자.

요즘은 흔적을 지우는 문화가 많아졌다. 사라지는 메시지, 24시간 뒤 삭제되는 스토리, 흔적 없이 소비되는 콘텐츠 등등. 하지만 어떤 소중한 순간은 길이 남겨둘 필요가 있다. 내가 살아 있던 증거, 내가 사랑했고 웃고 울었던 시간의 자취들은 나 자신에게는 소중히 간직해야 할 내 역사들이다.

사마천은 크나큰 고통을 견디며 《사기》를 완성했고, 그 안에 수많은 인간의 삶과 죽음을 담았다. 그의 인생은 《사기》에 고스란히 남아 지금까지도 전해진다. 물론 우리 모두가 사마천처럼 사기를 쓸 수는 없지만, 자신의 방식으로 삶의 흔적을 남길 수 있다.

매일을 성실히 살아가는 것, 내가 소중하게 여기는 가치를 지키는 것, 작은 목소리라도 기록하고 전하는 것, 그것이 바로 내가 이 세상에 살았던 흔적을 남기는 하나의 '사기'가 될 수 있다.

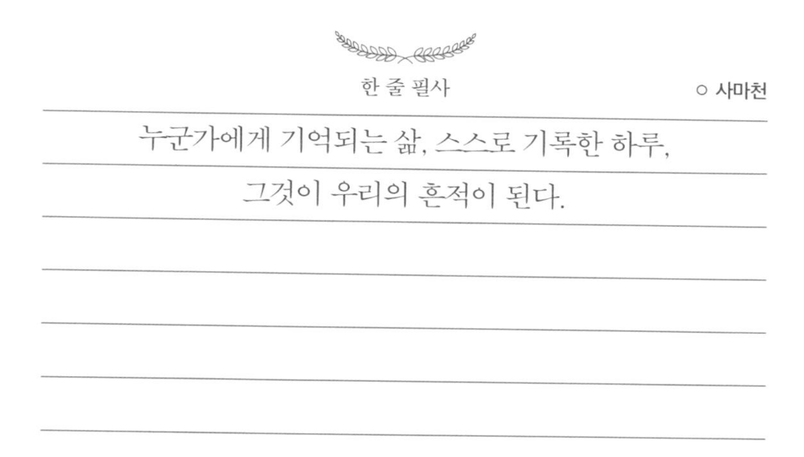

감정을 지배할 수 있는 존재는 명확한 이해다

"감정을 이기는 것은 감정이며, 더 강한 감정은 오직 명확한 이해로부터 나온다."

– 바뤼흐 스피노자, 《에티카》

우리는 불안이라는 감정이 찾아오면 통제할 수 없다고 생각해 억누르려 애쓰거나, 반대로 도피하듯 회피한다. 철학자 스피노자는 "감정은 막는 것이 아니라 이해하는 것이다"라고 말했다.

그는 감정을 '기분'이 아니라 우리 안에서 일어나는 자연스러운 하나의 표현으로 이해했다. 그래서 감정을 없애는 것이 아니라, 그 감정이 어디에서 오는지 정확히 들여다볼 때 우리는 비로소 그것에 휘둘리지 않게 된다고 지적했다.

스피노자는 인간의 감정을 크게 수동적 감정(passiones)과 능동적 감정(actiones) 둘로 나누었다. 우리가 흔히 겪는 불안, 분노, 질투, 수치심 등은 수동적 감정이다. 이것은 외부 환경이나 타인의 말과 행동에 의해 자동적으로 반응하며 생겨나는 감정들이다. 이 감정들은 우리가 그것을 선택해서 느끼는 것이 아니라 상황에 의해 휘둘리며 생기는 반응이라는 점에서 수동적이다.

수동적 감정의 특징은 우리를 무기력하게 만들고, 삶에 대한 주도권을 빼앗아간다는 점이다. 예컨대 누군가의 말 한마디에 하루 종일 기분이 처지거나 내가 아닌 타인의 기준에 따라 자존감이 흔들릴 때, 우리는 감정의 주인이 아닌 피동적인 반응자가 된다. 스피노자는 이러한 감정 상태를 인간이 자유를 잃은 상태로 보았다.

반면, 기쁨, 평온, 만족감, 감사와 같은 감정들은 능동적 감정이다. 이 감정들은 어떤 상황에 처했을 때 그것을 반응하지 않고 이해하고 해석하려는 태도에서 생겨난다. 그래서 감정이 생긴 이유를 인식하고, 그 감정에 휘둘리기보다 자신이 감정을 자각하고 선택할 수 있을 때, 우리는 그 감정의 주체가 된다.

스피노자에 따르면, 능동적 감정은 좋은 감정이 아니라 우리를 더 나은 방향으로 이끄는 이성의 힘과 연결된 감정이다. 그는 "감정을 이기는 것은 감정이며, 더 강한 감정은 명확한 이해로부터 나온다"고 말하며, 감정을 통해 나 자신을 더 깊이 이해하고 변화하는 것이 진정한 자유라고 설명했다.

상대의 말에서 서운함이 느껴질 때 우리는 자신에게 이렇게 질문해볼 수 있다. '내가 느낀 이 감정의 진짜 원인은 무엇이지?' '그가 그런 말을 한 이유는 정말 나를 낮춰서일까, 아니면 내가 요즘

예민해서일까?'

이처럼 감정을 곧장 받아들이지 않고 한 걸음 떨어져 사유를 통해 거리를 두는 순간, 우리는 반응하는 존재에서 이해하는 존재로 전환된다. 그리고 그때부터 감정은 나를 휘두르는 힘이 아니라 나를 더 깊이 이해하게 하는 거울이 된다.

그렇다면 감정에 휘둘리지 않기 위한 사유의 습관은 무엇일까?

첫째, 감정을 느끼는 나를 판단하지 말고 관찰하자.

불안을 느낀다고 해서 나약한 것도, 예민한 것도 아니다. 스피노자는 "슬픔이나 불안을 느끼는 것 자체는 나쁜 것이 아니다. 그 감정이 어디서 비롯되었는지를 아는 것이 중요하다"라고 말했다.

오늘 하루, 어떤 감정이 올라왔다면 "왜?"라고 스스로에게 한 번 물어보자. 그 질문 하나로 감정은 '내 것'이 될 수 있다.

둘째, 모든 감정에는 원인이 있다는 사실을 기억하자.

스피노자에 따르면 세상은 인과관계로 움직인다. 감정도 예외가 아니다. 불안은 우연히 생기는 것이 아니라 그에 앞서 어떤 생각, 경험, 기대, 피로가 있었을 것이다. 감정을 없애려 애쓰는 대신, 그 감정이 일어나기 전의 상황을 살펴보는 연습을 해보자. 거기에는 꼭 어떤 실마리가 존재한다.

셋째, 사유를 반복하는 사람이 결국 자유로워진다.

스피노자는 자유란 충동에서 벗어나는 능력이라고 생각했다. 단지 욕망을 참는 것이 아니라 욕망의 작동 원리를 이해하고, 그 너

머의 감정을 해석할 수 있는 힘이 진짜 자유라고 지적했다. 우리는 철학자는 아니지만, 순간순간 짧은 사유를 반복함으로써 충동적 행동을 지양하고 더 나은 선택을 할 수 있게 된다.

우리 삶은 예측할 수 없고, 수없이 많은 난관과 고난이 도사리고 있기에 불안은 사라질 수 없다. 하지만 스피노자는 우리에게 이렇게 말한다. "우리는 이해함으로써 자유로워질수 있다."

사유가 불안을 완전히 없애주는 것은 결코 아니다. 하지만 그 불안을 낯설게 바라보게 해주는 힘을 갖고 있다. 다시 말해, 감정의 중심에서 조금 벗어나 나를 지켜보는 나가 생기게 된다. 그것이 바로 흔들리는 마음에 숨 쉴 틈을 주는 사유의 힘이다.

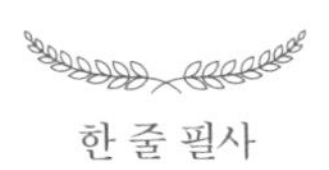

한 줄 필사

○ 바뤼흐 스피노자

우리는 감정을 없앨 수는 없지만,

이해함으로써 더 이상 지배당하지 않을 수 있다.

우리가 보는 세상은 언어와 생각의 습관에 따라 구성된 것이다

"철학적 문제들은 언어의 논리적 사용을 이해함으로써 사라질 수 있다."

– 루트비히 비트겐슈타인, 《철학적 탐구》

우리는 낯섬보다는 익숙함에 편안함과 안도감을 느낀다. 하지만 그 익숙함은 때로 우리를 무감각하게 만들고, 삶을 낡은 필터 너머에서 보게 한다. 삶이 지루하다, 변화가 없다고 느낀다면 사실 변화가 없는 것이 아니라 우리가 보는 방식이 단조로워졌다는 신호일 수 있다.

20세기를 대표하는 순수철학자 루트비히 비트겐슈타인은 이렇게 말했다. "세계는 사실들의 총체가 아니라 언어의 총체다." 다시 말해, 우리는 세계를 있는 그대로 보는 것이 아니라 우리가 사용하는 언어, 사고의 틀을 통해 세상을 인식한다는 것이다.

비트겐슈타인은 우리가 사용하는 '언어의 방식'을 바꾸면, 세상도 달리 보일 수 있다고 말했다. 가령 "나는 할 수 없어"라는 문장을 "아직 익숙하지 않아"라고 바꾸는 것만으로도 상황에 대한 인식이 달라지고, 가능성의 창이 열린다. 결국 우리가 보는 세상은 객관적인 실재라기보다 말과 생각의 습관에 따라 구성된 것이다.

그렇다면 우리는 어떻게 이 익숙한 틀을 벗어나 삶을 새롭게 바라볼 수 있을까?

비트겐슈타인은 "철학은 우리로 하여금 파악한 것을 다시금 의심하게 만든다"고 말했다. 누군가 "시간이 없어서 못해요"라고 말하면, 그는 이렇게 물었다. "정말 시간이 없나요, 아니면 그 일을 중요하게 생각하지 않는 건가요?"

이처럼 철학은 추상적인 이론이 아니라 우리가 무의식적으로 사용하는 문장과 개념에 의문을 던지는 작업이다. 당연하다고 믿었던 것들을 다시 들여다보면, 익숙했던 삶의 장면이 전혀 다르게 보이기 시작한다. "나는 원래 내성적인 사람이야", "너무 바빠서 아침은 먹을 수가 없어"와 같은 문장들은 과연 사실일까? 아니면 그렇게 생각하고 반복해온 습관일까?

우리는 하루에도 수없이 익숙한 문장과 판단 속에 자신을 고정해버린다. 삶을 변화시키는 데 필요한 것은 당연하다고 생각하는 것에 의문을 던지는 작은 질문 하나일지도 모른다.

"왜 나는 항상 이렇게 생각하지?", "그건 정말 변할 수 없는 일일까?", "내가 믿고 있는 이 사실의 근거는 무엇일까?"

이러한 질문이 삶의 관점을 바꾸고, 익숙했던 일상을 색다르게 보이게 한다.

우리가 보는 세상은 우리의 언어와 인식의 틀에 따라 구성된 것이라는 비트겐슈타인의 통찰을 일상에서 적용하려면, 작은 습관부터 바꾸어나가면 된다. 다음 세 가지를 실천한다면, 우리는 삶의 틀을 유연하게 바꿀 수 있을 것이다.

첫째, 나의 언어습관을 의식적으로 점검해보자.

하루에 내가 가장 자주 사용하는 문장은 무엇일까? "시간이 없어", "나는 이런 사람이야", "그건 원래 그래"와 같은 말을 반복해서 한다면, 그 말은 언어를 넘어 나의 세계관이자 현실이 되고 있다. 매일 자기 전에 오늘 가장 자주 사용한 말 한두 가지를 적어보고, 그것이 나의 생각과 삶에 어떤 영향을 미치고 있는지 관찰해보자.

둘째, 익숙한 장면에 새로운 질문을 던져보자.

출근길에 "이 길 외에 다른 길이 있다면?"을 생각해보거나, 커피를 마시며 "내가 진짜 좋아하는 맛은 무엇일까?"를 자문해보는 것만으로도 삶은 새롭게 느껴질 수 있다. 비트겐슈타인은 질문이 바뀌면 삶이 바뀐다고 강조했다.

셋째, 말보다 느낌을 먼저 관찰해보자.

비트겐슈타인은 언어의 한계를 강조하며 언어가 모든 것을 담을 수는 없다고 지적했다. 말보다 먼저 오는 느낌과 직관은 더 정확할 때가 많다. 예를 들면, 어떤 사람과 대화를 하고 나서 말은 친절했지만 어딘가 불편했다는 느낌을 받았다면 그것을 가볍게 넘기지 말자. 그 미묘한 감정 속에 우리가 마주하지 못한 진짜 의미가 숨어 있기 때문이다. 삶을 다르게 보기 위해서는 말의 이면에 있는 감각에 귀 기울이는 훈련도 필요하다.

비트겐슈타인은 세상을 새롭게 보기 위해서는 언어의 틀을 벗어나야 한다고 말했다. 매일 사용하는 단어, 무심코 믿고 있는 사실, 반복되는 행동들에 대한 익숙함에 '왜?'라는 의문을 던진다면, 새로운 삶의 문이 열릴 수 있다. 삶이 지루하고 권태롭다면 먼저 익숙함에 의문을 던져보고 삶을 다르게 바라보자.

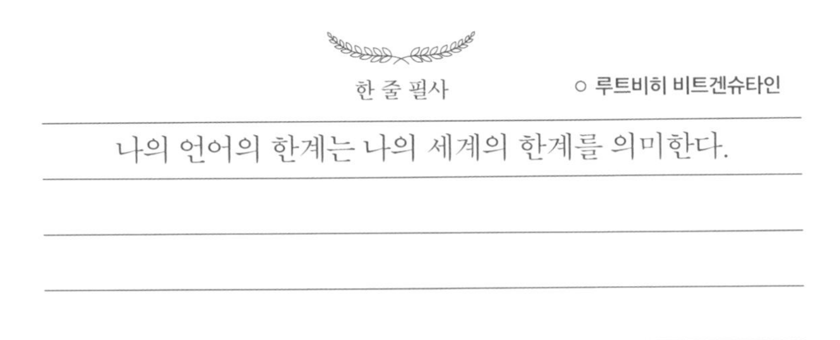

지금 당신은 자신의 삶을 바라보고 있나요?

"대다수의 인간은 조용한 절망 속에서 살아간다."

– 헨리 데이비드 소로,《월든》

우리는 얼마나 자신의 삶대로 살아가고 있을까? 내가 삶에서 하는 선택이 정말 나의 선택일까? 아니면 사회가, 타인이 정해준 기준에 자신을 끼워 맞춘 결과일까?

헨리 데이비드 소로는 이러한 의문에 대한 해답을 삶으로 실천한 철학자였다. 그는 하버드 대학교를 졸업하고 좋은 취직자리를 마다하고 도시의 삶을 떠나 미국 매사추세츠의 숲속, 월든 호숫가로 들어갔다. 그는 전기도, 수도도 없는 오두막에서 스스로 나무를 베어 집을 짓고, 직접 텃밭을 가꾸며 2년 2개월 동안 자연과 고독 속에서 살았다. 그 경험을 담은 책이 바로 명저《월든》이다.

소로는 다음과 같이 말했다. "나는 죽을 때, 내가 진짜로 살지 않았다는 사실을 깨닫는 일이 없기를 바랐다." 그래서 그는 세상이 정해준 길이 아닌, 자신의 내면이 바라는 삶의 방식대로 살아가고자 했다. 그는 자발적으로 고독을 선택했고, 단순한 삶을 실천했으며, 큰 성취가 아니라 나답게 사는 법에 집중했다.

현대의 우리는 월든 숲처럼 물리적으로 고립된 공간으로 들어가기는 어렵다. 하지만 삶에서 나만의 방식을 선택할 수는 있다. 소로의 철학은 단순히 자연 속에서 살자는 메시지가 아니라 "당신은 당신 삶의 방향을 스스로 결정하고 있는가?"라는 근본적인 질문을 던지고 있다.

소로의 삶이 특별하게 느껴지는 이유는 그의 고독이 도피가 아니라 선택이었기 때문이다. 그는 세상에서 벗어나기 위해 숲으로 들어간 것이 아니라 스스로를 더 깊이 이해하기 위해 세상의 소음에서 잠시 벗어났다. 우리가 그의 삶에서 배워야 할 점은 단순히 도시를 떠나는 것이 아니라 우리 삶에 불필요하게 붙어 있는 것들을 걷어내는 용기다.

과연 우리의 현실은 어떠한가? 아마 대부분의 사람이 성공이라는 이름 아래 많은 불필요한 경쟁과 비교, 소비에 휘둘리고 있을 것이다. 누군가의 인생을 보며 '나도 저렇게 살아야 할까?'라고 고민하고, 비교하며, 때로는 그것이 옳은 삶이라고 믿고 있을 것이다. 하지만 그로 인해 정작 자기 자신을 깊이 들여다보는 시간은 많지 않을 것이다.

사색과 성찰의 철학자이자 《수상록》의 저자인 몽테뉴는 "자기 삶의 주인이 되기 위해서는 스스로를 알아야 한다"고 말했다. 몽테뉴는 자기 삶의 흐름을 글로 써내려가며 스스로를 이해했다. 그것은 누군가에게 보여주기 위한 글이 아니라 자신을 들여다보는 기록이었다. 그의 책 《수상록》은 거창한 철학 이론이 아닌, 인간의 나약함, 게으름, 우울함, 기쁨, 음식, 산책과 같은 일상의 사소한 주제들을 담고 있다. 그는 "나의 책은 나 자신이다"라고 말했다. 그에게 철학은 자신을 관찰하고, 매일의 삶을 돌아보며 자신을 관조하는 과정이었다.

우리가 내 자신이 되기 위해서는 소로나 몽테뉴처럼 남들을 향한 시선을 거두어 자신과 내 삶을 바라보아야 한다.

소로는 《월든》에서 단순한 삶을 강조하며 이렇게 말했다. "내가 원하는 삶이 어떤 것인지 알기 전까지는 나는 그것을 따르지 않을 것이다."

삶을 바꾸는 것은 한 번의 거창한 결심으로 가능한 것이 아니다. 매일매일의 시간 사용방식, 관계를 맺는 태도, 소비하는 정보, 사소한 습관들에서 남들처럼이 아닌 나답게 살아가는 꾸준한 실천을 통해 삶은 조금씩 달라질 수 있다.

우리는 자신의 방식대로 이 세상을 살아가기 위해서 세 가지를 실천할 필요가 있다.

첫째, 나의 시간표를 다시 살펴보자.

소로는 "시간은 돈보다 귀중하다"고 말했다. 우리는 하루 중 대부분을 남이 정해준 시간표대로 살아가고 있다. 출근 시간, 회의 시간, 퇴근 시간 등 외부에서 정해준 루틴에 따라 살아간다. 물론 생계를 위해 사회적 삶을 완전히 벗어날 수는 없지만, 하루 중 얼마만이라도 내가 진짜 하고 싶은 일을 위한 시간을 확보해보자. 그것이 책읽기가 될 수도 있고, 산책이 될 수도 있으며, 글쓰기가 될 수도 있을 것이다. 나만의 시간은 곧 나만의 삶을 만든다.

둘째, 비교를 멈추는 연습을 하자.

좋아 보이는 남들의 삶에 자신을 끼워맞추다보면, 나의 기준과 철학은 사라지고 만다. 소로는 이렇게 말했다. "당신은 태어날 때부터 비교를 위해 만들어지지 않았다." 당신의 삶의 속도, 가치관, 취향은 오직 당신만의 것이다.

셋째, 불편함을 견디며 단순함을 실천해보자.

소로의 삶은 단순함의 미학 그 자체였다. 하지만 단순하게 사는 것은 결코 쉬운 일이 아니다. 불필요한 물건을 줄이고, 인간관계를 정리하고, 조용한 시간을 일부러 마련하는 것은 오히려 용기가 필요한 일이다. 불편함을 감수하면서도 단순함을 선택하면, 삶은 한층 더 가볍고 깊어진다.

나답게 사는 삶으로의 변화는 속도가 아니라 자신에게 맞는 방향을 선택하는 태도에서 나온다.

소로는 우리에게 이렇게 묻고 있다. "지금 당신의 삶은 진짜 당신의 것인가요?"

한 줄 필사

○ 헨리 데이비드 소로

가장 위대한 발견은
자기 삶을 스스로 살아갈 수 있다는 사실이다.

나의 진짜 모습은 타인과의 관계 속에서 드러난다

"모든 진정한 삶은 만남이다."

– 마르틴 부버, 《나와 너》

우리는 나를 찾기 위해서는 혼자가 되어야 한다고 생각한다. 고요한 시간을 갖고, 혼자 여행을 떠나며, 사람들과 거리를 두면서 진짜 나를 마주해야 한다고 생각한다. 하지만 종교철학자 마르틴 부버는 전혀 다른 길을 제안했다. 그는 우리가 진정한 나를 만나는 순간은 혼자일 때가 아니라 누군가와의 만남 속에서 가능하다고 보았다.

그는 자신의 저서 《나와 너》에서 세상의 모든 관계를 두 가지로 구분했다. 하나는 '나-그것(I-It)'의 관계, 다른 하나는 '나-너(I-Thou)'의 관계다. '나-그것'의 관계는 상대를 객체로 여기고, 도구처럼 대하는 방식이다. 반면, '나-너'의 관계는 상대를 하나의 온전한 존재로 마주하며, 진심을 통해 만나는 관계다.

부버는 다음과 같이 말했다. "인간은 관계 속에서 존재한다. 그리고 진정한 자아는 오직 너와의 만남에서만 드러난다." 다시 말해, 나라는 존재는 혼자 있을 때 완성되는 것이 아니라 누군가와의 만남을 통해 드러나고 완성된다는 것이다.

그렇다면 우리는 일상에서 사람들과 진정한 만남을 하고 있을까? 우리는 상대를 정말 너로 대하고 있는가? 아니면 목적, 효율, 습관에 따라 관계를 소비하고 있지는 않은가?

현대사회는 관계의 양은 많지만, 질은 점점 낮아지고 있다. 스마트폰과 메시지로 언제든 연결될 수 있지만, 마음을 다해 듣고 진심으로 응답하는 관계는 점점 줄어드는 것이 사실이다. 우리는 많은 사람과 관계를 맺고 있지만, 서로를 그것처럼 대하며 피상적인 대화만 주고받는다.

누군가의 말을 들을 때 진심으로 듣기보다 대답할 준비를 하고 있지는 않은가? 또 상대의 입장이 아니라 내 입장을 정리하면서 듣는 척하고 있지는 않은가?

부버는 이러한 방식의 관계는 결국 나조차도 피상적인 존재로 만든다고 보았다.

우리는 누군가와의 관계 속에서 어떤 사람이 되어간다. 친구 앞에서는 편안한 내가 되고, 직장에서는 책임감 있는 내가 되며, 연인 앞에서는 사랑받고 싶고 보호받고 싶은 존재가 된다. 부버는 이에 대해 이렇게 말했다. "내가 어떤 존재인지 알려면, 내가 누군가에게 어떤 존재였는지를 돌아봐야 한다." 진짜 자아는 거울 앞이 아니라 사람들과의 관계 속에서 드러난다는 의미다.

그러나 우리는 관계 속에서 끊임없이 흔들린다. 갈등도 생기고, 오해도 생기며, 심지어 관계가 단절되기도 한다. 하지만 그 흔들림 속에서 우리는 좀 더 나은 방향으로 자라나게 된다.

그렇다면 '나-너'와 같은 진정한 관계를 위해 우리는 무엇을 해야 할까?

첫째, 일상적인 관계에 의도를 담아보자.

매일 마주하는 가족, 동료, 친구에 대해 '그 사람은 나에게 어떤 존재인가?', '나는 그 사람에게 어떤 사람으로 남고 싶은가?'를 자신에게 질문해보자. 그 질문 하나만으로도 우리는 상대를 '그것'이 아닌 '너'로 대하게 된다. 진정한 관계는 기술이 아니라 태도를 통해 완성된다.

둘째, 누군가의 말을 진심으로 들어주는 연습을 하자.

부버는 듣는 태도야말로 관계의 질을 결정한다고 보았다. 말을 단순히 듣는 것이 아니라, 말의 맥락과 상대의 감정을 함께 듣는 자세가 필요하다. 대화 중간중간에 고개를 끄덕이며 "그랬구나"라는 말 한마디를 건네는 진심이 '나-너(I-Thou)'의 관계를 만든다.

셋째, 관계를 통해 나를 돌아보는 습관을 갖자.

하루를 마무리하며 오늘 만난 사람들과의 대화를 떠올려보자.

'나는 그 사람 앞에서 어떤 모습이었지?', '내가 한 말이 상처를 주진 않았을까?', '나는 그 사람을 진심으로 대했는가?'

이런 질문은 반성 이상의 힘을 갖고 있다. 나를 더 깊이 있게 인식하게 하고, 상대와 더 진실한 관계를 만들어가게 한다.

우리는 혼자일 때도 존재하지만, '관계 속에서만 드러나는 나'가 있다. 부버는 인간이란 존재는 '나-너'의 만남을 통해 완성된다고 보았다. 누군가를 온전히 마주할 때, 우리는 비로소 나의 진짜 모습을 만나게 된다.

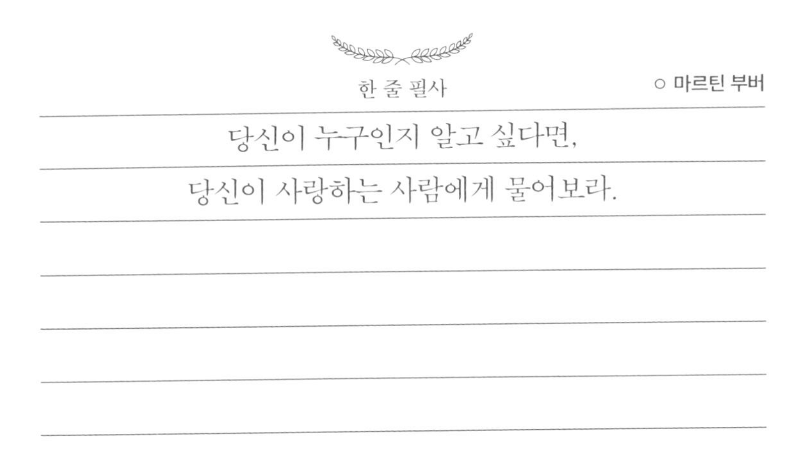

우리 삶을 복원하는 느림의 미학

"도구에 지배당할수록 도구의 형태가 그의 자아상을 결정짓는다."
- 이반 일리치, 《절제의 사회》

우리는 무엇을 기준으로 '좋은 삶'을 판단해야 할까? 일반적으로 더 나은 교육, 더 빠른 기술, 더 편리한 시스템, 더 강력한 의료가 더 나은 삶을 가져다준다고 생각한다.

현대 사회는 인간의 삶을 개선하겠다는 명분 아래 수많은 '도구'를 발전시켜 왔다. 하지만 오스트리아 출신의 철학자 이반 일리치는 이에 대해 우리에게 중요한 질문을 던진다. "삶은 과연 나아지고 있는가?" 그리고 이렇게 되묻는다. "누구의 기준으로, 어떤 방식으로 나아지고 있는가?"

이반 일리치는 《병원이 병을 만든다》와 《학교 없는 사회》에서 오늘날의 제도와 기술이 인간을 돕는 것이 아니라 오히려 인간을 소외시키고, 자기 삶의 주체로부터 멀어지게 만들고 있다고 비판했다. 그는 현대 사회가 만들어낸 제도화된 도움이 사실상 인간을 더 의존적이고 무력하게 만들고 있다고 경고했다. 예컨대 우리는 병원 없이는 병을 돌볼 수 없다고 믿고, 학교 없이는 배움이 불가능하다고 여긴다. 하지만 일리치는 이렇게 말했다. "병원을 떠나면 우리는 돌봄을 회복할 수 있고, 학교를 벗어나면 진짜 배움이 시작된다." 그는 이러한 통찰을 통해 기술과 제도가 인간을 대신하는 순간, 인간은 자신의 존재를 상실하게 된다고 강조했다.

최근 유튜브와 같은 플랫폼에서는 디지털 기술이 발달하지 않았던 시절의 감성을 추억하는 콘텐츠가 큰 인기를 얻고 있다. '옛날 교복 입고 학교 다니기', '1990년대 도시락 먹방', '아날로그 감성 일기 쓰기'와 같은 콘텐츠는 단순한 유희를 넘어 그 시절로 돌아가고 싶다는 정서적 공감대를 형성하고 있다. 그렇다면 사람들은 왜 불편했던 과거로 돌아가고 싶은 것일까?

이는 단순히 과거에 대한 향수가 아니다. 디지털화된 일상에서 지치고 피로해진 사람들이 기술 이전의 세계에서 사람 냄새 나는 삶을 그리워하게 되었기 때문이다. 빠르게 스크롤되는 영상, 자동완성된 검색 결과, 최적화된 알고리즘은 우리가 시간을 절약하도록 해주지만, 문제는 그 시간 속에서 '나'는 점점 사라지고 있다는 것이다. 기술은 편리함을 주지만, 동시에 사람 사이의 온기와 스스로 살아간다는 감각을 빼앗아간다. 이러한 흐름은 이반 일리치가 말했던 '제도화된 도움의 역설'과 정확히 맞물린다. 그는 병원, 학교, 사회복지 제도처럼 인간을 돕기 위해 만들어진 시스템이 오히려 인간을 더 의존적이고 무기력하게 만든다고 지적했다.

오늘날 우리는 '도구'를 삶의 중심에 두는 사회에 살고 있다. 스마트폰, 알고리즘, 인공지능, 자동화 시스템 등은 모두 인간의 효율성과 편리함을 위해 만들어진 것이다. 하지만 어느 순간 우리는 이 도구들에 의해 삶의 방식을 규정받고 있다. 밥을 먹을 때도 음식보다 인증 사진이 중요해지고, 공부도 학습이 아니라 자격증을 위한 체크리스트가 되어버렸다. 우리는 언제부턴가 삶을 살고 있다기보다 관리하고 있는지도 모른다.

일리치는 이러한 현실을 '느린 저항'으로 대항했다. 그는 거대한 시스템에 대항하기 위해 소리를 높이기보다는 더 작고, 더 느리고, 더 인간적인 방식으로 살아가자고 제안했다. 예를 들면, 아픈 사람에게 약 대신 손을 얹어주는 일, 아이에게 문제집 대신 함께 걷는 시간을 내어주는 일, 낯선 이에게 조건 없이 귀를 기울이는 일 등이다. 그는 이러한 삶의 태도 속에 '회복된 인간성'이 담겨 있다고 보았다.

이반 일리치는 특히 '배움'과 '돌봄'이라는 두 영역에서 우리가 생각해보아야 할 질문들을 던졌다. 학교는 지식을 전달하는 곳인가, 아니면 인간을 양육하는 곳인가? 병원은 생명을 지키는 곳인가, 아니면 고통을 외면하는 체계인가? 그는 이에 대해 이렇게 말했다. "진짜 배움은 교실이 아닌 삶에서 일어나고, 진짜 치유는 약이 아닌 관계에서 시작된다."

실제로 그는 라틴아메리카에서 가난한 사람들과 함께 살아가며 제도 밖의 배움과 돌봄이 어떻게 인간을 회복시키는지를 몸소 보여주었다. 그는 지식인이자 교육자였지만, 이론을 큰 소리로 말하기보다 직접 살아내는 철학자였다.

그렇다면 우리는 이반 일리치의 철학을 우리 삶에 어떻게 적용할 수 있을까?

첫째, 삶을 '관리'하는 대신 '돌봄'의 시선으로 바라보자.

오늘 하루를 얼마나 효율적으로 보냈는지를 따지기 이전에 나는 누군가를 진심으로 바라봐 주었는지를 물어보자. 도구는 삶을 정리해줄 수 있지만, 우리를 진정 행복하게 하는 것은 사람들을 향한 베풂이다.

둘째, 도구보다 사람을 중심에 두자.

스마트폰 없이 걷는 산책, 검색 없이 시작하는 독서, 정답을 묻기보다 질문을 던지는 대화를 시도해보자. 우리 삶에서 도구는 필요하지만, 그 도구가 삶의 주인이 되어서는 안 된다. 일리치는 "사람은 기술을 위해 존재하지 않는다. 기술은 사람을 위한 것이어야 한다"고 강조했다.

셋째, 속도보다 방향을 고민하자.

더 빠르게, 더 많이, 더 멀리 나아가려는 사회 속에서 잠시 멈추고 자신에게 물어보자. "나는 어디로 가고 있는가?" 느리게 가더라도 나다운 길이라면 그 길이 정답이다. 일리치의 철학은 우리에게 속도를 줄이라고 말하지 않는다. 단지 "나에게 진짜 중요한 것이 무엇인가?"를 묻고 있다.

우리는 더 풍요롭고 나은 삶을 위해 기술을 만들었지만, 소외, 자연재해 등 기술로 인해 많은 문제가 발생하고 있다. 그래서 기술을 위해 우리의 삶을 양보해서는 안 된다. 기술의 중심에는 언제나 '사람'과 '인간성'이 존재해야 한다. 그것이 기술로부터 우리를 지킬 수 있는 진정한 길이다.

한 줄 필사

○ 이반 일리치

기술이 아니라 관계가 삶을 살게 한다.

도구가 아니라 사람이 삶의 주인이다.

가장 위험한 것은 자신이 아닌 무언가가 되려는 것이다

"자기 자신이 되기를 원하지 않는 것이 절망이다."

– 쇠렌 키르케고르,《죽음에 이르는 병》

현대인은 하루 평균 3만 5천 번의 결정을 내리며 살아간다고 한다. 어떤 옷을 입을지, 무엇을 먹을지, 어떤 일을 먼저 해야 할지 등등 모든 것이 선택의 연속이다. 또 삶에서 더 큰 결정들도 있다. 어떤 일을 할지, 누구와 함께할지, 어디에서 살아갈지를 고민한다. 하지만 때로는 선택의 순간이 부담스럽기도 하다. 실패에 대한 두려움, 남들과 다른 길을 가야 한다는 불안, 책임을 지는 것에 대해 회피하고 싶은 마음 등이 선택을 망설이게 한다. 그래서 모든 사람에게는 결정을 미루거나, 누군가 대신 정해주길 바라는 심리가 있다.

덴마크의 철학자 쇠렌 키르케고르는 이러한 인간의 불안과 선택을 정면으로 마주한 사상가다. 그는 "인간은 자기 자신이 되기를 요구받는 존재다"라고 말했다. 다시 말해, 진짜 나로 살아가는 것은 주어지는 것이 아니라 선택하는 것이라는 의미다.

키르케고르는 '자기됨(selfhood)'이라는 개념을 통해 인간은 스스로 존재의 의미를 만들어야 한다고 강조했다. 그는 누군가의 인생을 따라 사는 것이 아니라 자신의 신념과 열정을 따라가는 것은 때로 고독하고 불확실하지만, 그 길만이 진정한 삶이라고 말했다.

우리는 누구나 주어진 인생을 살고 있지만, 스스로 선택한 인생을 살고 있는지는 별개의 문제다. 그렇다면 나는 지금 어떤 동기로 살아가고 있는지, 나를 진정으로 움직이게 만드는 것은 무엇인지 한번 생각해보자.

키르케고르는 "불안은 자유의 어두운 현기증이다"라고 표현했다. 자유롭다는 것은 원하는 대로 선택할 수 있다는 뜻이지만, 동시에 어떤 결과도 감당해야 한다는 뜻이기도 하다. 그래서 사람들은 자유를 갈망하면서도 동시에 두려워한다. 그에 대한 책임은 고스란히 자신의 몫이기 때문이다.

또한 키르케고르는 "불안은 진짜 살아 있다는 증거다"라고 지적했다. 고민이 많다는 것은 내가 진심으로 나의 인생을 살아가려는 의지가 있다는 뜻이다. 우리가 아무런 선택도 하지 않고 관성대로 살아가면 삶은 편안할 수 있지만, 공허해질 수 있다.

그래서 키르케고르는 '열정'이라는 태도를 강조했다. 열정은 단순한 감정의 강도가 아니라 삶에 대한 진정한 태도다. 남들이 쥐여주는 정답 대신에 내가 내린 결정으로 살아가겠다는 태도이기도 하다.

우리 모두의 앞에는 두 가지 삶이 놓여 있다. 보여지는 삶과 살아지는 삶. 우리는 보여지는 삶에 집중하느라 정작 살아지는 삶에 소홀해지곤 한다. 하지만 우리를 움직이게 하는 가장 강력한 힘은 외부의 평가나 사회에서 요구하는 조건이 아니라 '나는 왜 이 길을 가는가'에 대한 내면의 확신이다.

우리는 살면서 자신의 삶을 살아가기 위해 세 가지 용기를 가져야 한다.

첫째, 결정하지 않은 채 살아가는 삶을 경계하자.

우리는 종종 선택을 미룬다. 무언가를 하겠다고 말하지만, 막상 행동으로 옮기지 않는다. 키르케고르는 "무한한 가능성에 머무는 것은 삶을 허비하는 것이다"라고 막연함에 대해 경계했다.

지금 결정을 미루고 있는 일이 있다면, 왜 망설이고 있는지 자신에게 물어보자. 완벽한 타이밍은 영원히 오지 않을 수도 있다. 불완전하더라도 지금 이 순간의 선택과 결단이 필요하다.

둘째, 불안한 자신을 인정하고 안아주자.

불안은 나약함의 증거가 아니라 내가 삶에 대해 진지하게 고민하고 있다는 표시다. 피하려 하지 말고, 불안에 이름을 붙여보자. '나는 무엇이 두려운가?' '무엇이 나를 망설이게하는가?' 이런 질문을 통해 우리는 불안을 견디는 힘을 갖게 된다. 불안을 줄이려

하지 말고, 그 속에서도 끊임없이 나아가는 연습을 해보자.

셋째, 내 삶의 동기를 점검하자.

지금 내가 하고 있는 일, 만나고 있는 사람들, 가고 있는 길은 진짜 내 선택인가? 아니면 기대, 관성, 비교로 인한 선택인가? 키르케고르는 삶에 있어서 가장 중요한 질문은 "내가 누구인가?"보다 "나는 무엇을 위하여 살아가고 있는가?"라고 말했다.

키르케고르는 우리에게 이렇게 말한다. "삶은 이해하면서 살아야 하는 것이 아니라, 살아내면서 이해하는 것이다."

누구에게나 삶은 어렵고 힘든 과정이지만, 가장 가치 있는 삶은 내가 원하는 내 자신이 되어가는 것이다.

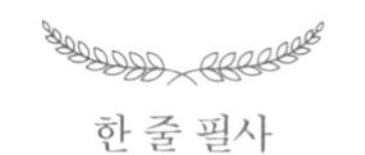

한 줄 필사

○ 쇠렌 키르케고르

가장 위험한 것은 자신이 아닌 무언가가 되려는 것이다.

흔들리는 삶을 단단한 삶으로 바꿔주는 철학을 읽다

하루 한 장 삶에 새기는 철학의 지혜

초판 1쇄 발행 2025년 6월 9일

지은이 최영원
펴낸곳 보아스
펴낸이 이지연
등 록 2014년 11월 24일(No. 제2014-000064호)
주 소 서울시 양천구 목동중앙북로8라길 26, 301호(목동) (우편번호 07950)
전 화 02)2647-3262
팩 스 02)6398-3262
이메일 boasbook@naver.com
블로그 http://blog.naver.com/shumaker21
유튜브 보아스북 TV

ISBN 979-11-89347-26-0 (03140)